声に出して読みたい志士の言葉

齋藤 孝

JN131206

草思社文庫

「精神の幹」を育てる

「志士《しし》」という言葉は『論語』にある「**志士仁人**《じんじん》**は生を求めて以**《もっ》**て仁を害すること無し。身を殺して以て仁を成すこと有り**」が語源だとされています。「志のある人や徳を備えた人はわが身惜しさに仁の道にはずれるようなことをしない。それどころか、命をなげうってでも仁の道をなしとげようとする」という意味です。

多くの志士を育てた吉田松陰《しょういん》は、「**志士とは志達**《したつ》**ありて節操**《せっそう》**を守る士なり**」と言っています。志士とは、つねに高い理想を掲げ、信念を堅く守って変えない者のことであるという意味です。

志士というと、幕末に活動して「万事を一新（御一新）した人」というイメージがあります。たしかに尊皇攘夷《そんのうじょうい》の思想に拠って活動した人は志士と言われることが多いものです。しかし、一個の人間として生まれて一個の人間として死んでいくのではなく、自分の社会的な使命を自覚し、事を尽くし、そして天命をまっとうして死んでいく、それを志士の生き方の理想とすると、かならずしも尊皇攘夷に携わった人だけが志士ではありません。幕末から維新に限って志士をとらえると、志士の概念を狭めてしまうことになります。

もちろん、この時代にそうした典型的な人物がたくさん現れたのは事実ですし、この本でも、幕末に尊皇攘夷を思想的・行動的におこなった人物を中心にとりあげていますが、彼らだけではなく、天璋院篤姫《てんしょういんあつひめ》や和宮《かずのみや》のように徳川家への忠義を貫いた人たち、渡辺崋山《かざん》や高野長英らのように幕末に魁《さきが》けて活動した人たち、さらには主に維新後に活躍した人たちもとりあげています。

同じ時代に活動した志士たちは、誰と誰は知り合いだったというように、相互に関係を持っています。この人とこの人は関係があったというふうに線で結んで「志士相関図」つくると、線が一本もない人はおそらくいないのではないでしょうか。彼らは直接触れ合い、志やヴィジョンを語り合い、それができないときには手紙でやりとりする、そうしたことを通して切磋琢磨《せっさたくま》し、志を練り合い、「手づくり」で国をつくるために活動した。腹を割って話をすることが、志を醸成《じょうせい》する手段になっていました。

現代は「公《おおやけ》」が陰になって「個が行きすぎている」時代とも言えます。インターネットやSNSやメールを介しての「会話」や「情報入手」が増すにつれて、「腹を割って話し合う」という言葉が死語になりつつあります。さらに、「個性」ということが言われて、個性を身につけることや発揮することが目的化していますが、まさに主客転倒で、あくまで目的を達成するために努力するなかでおのずと個としての色が出てきて、個性が身につくのです。

正社員・年功序列・終身雇用が当たり前だった時代には、人生プランを立てることができましたが、今の社会は生活や仕事が流動化し、人生のデザインを描きにくくなっています。それゆえに、生きる目標を見失うと、自分の「中心」がなくなってしまったような気になります。そうならないためにも、自分の中に揺ぐことのない「軸」「幹」、つまり「志」を持つことが必要です。

志とは「心が目指す方向が定まっている」ことです。この方向が定まらずに揺らいでいると、誰も共感を示してくれませんし、そのために人とかかわりを持てないでいると、いきおい自己中心的になって、自分で自分を縛ってしまうことになりかねません。「志」という丈夫な「精神の幹」を育ててこそ、人生は枝葉が茂り、花が咲き、実りがあるのです。

志士の「志」を一〇〇パーセント持とうとは言いませんが、たとえ一割でもいいから持つことで、精神のバランスがよくなり、ささやかながら世の中に貢献できますし、自分を鍛えることにもなり、おのずと個性も発揮されるようになります。

岡倉天心は「**個性とは、人生の、人間の、自然の、雄大なドラマの中で、悲劇であれ喜劇であれ、その中で一箇の独創的な役割を演ずることを常に喜ぶものである**」と言っています。この本でとりあげた志士たちは、たとえ悲劇であっても独創的な役割を演じています。

志士というと「偉人」扱いをしがちですが、志士として名を知られている人物はほんの一握りで、それぞれの時代に「無名の志士」がたくさんいます。この本にも「**草莽《そうもう》こそが世の中を変えていくことができる**」という意味の吉田松陰の言葉が登場します。草莽とは「草の根の人」「無名の人」「在野の人」という意味です。中岡慎太郎は「**立派な人物となるか、つまらない人間となるかは、家柄の中にはない。君、自らの中にある**」と言っています。

頭から「自分には志なんて持てるわけがない」と決めてかからずに、ささやかでもいいから自分なりに志を掲げて挑戦してみる。もちろん、そうしたときに現実にぶちあたって、修正を余儀なくされることもあるでしょうが、そこを通過することで展望が開けてきます。自分が何かしたところで社会が変わるわけではないし、どうせ死んだら終わりなのだからと「心を萎縮させる」よりはよほどいいと思います。

板垣退助は「**志ある人々が私の墓を前にして、世の矛盾に怒り、それを糾《ただ》さんと、世のために働いてくれるのなら、私の死は終わりではない**」と言っています。

ＮＨＫテレビでかつて放映されていた『プロジェクトＸ　挑戦者たち』には、日本という国がこのままでは敗戦の泥沼から立ち直れないとの危機感のもと、黒部ダムや新幹線の建設に立ち上がった人たちなど多くの無名志士がとりあげられています。突貫工事を支えた出稼ぎの人たちの力も合わさって、そのような重要なインフラができあがった。たとえ名前は残らなくても、「公《おおやけ》」のために、「発展」のために、全力で打ち込んだ時代がありました。その時代の、そこに携わった人たちの熱い共感には、志士の伝統が息づいています。

先達《せんだつ》としての志士の言葉を身にしみこませて、無名志士の列に加わってみませんか。

齋藤孝

声に出して読みたい志士の言葉——目次

第1章 激動の時代を起爆させた志士の言葉　29

◉吉田松陰

◉高杉晋作

◉坂本龍馬

◉後藤象二郎

◉西郷隆盛

◉中岡慎太郎

第2章 幕末に奮闘した志士の言葉

◉勝海舟

第3章 維新後の日本を主導した志士の言葉 161

第4章 幕末維新の魁《さきがけ》をなした志士の言葉

* 志士の言葉を引用するに当たっては、漢字を平仮名にする、改行をほどこすなど、表記を変更したものがあります。

* とりあげた志士の生没年は新暦で表記しています。生没年は資料によって異同があります。享年は数え年で表記しています。

第1章

激動の時代を起爆させた志士の言葉

吉田松陰《よしだしょういん》 ① 志の在る所、気もまた従う

1

志《こころざし》を立《た》てて以《もっ》て万事《ばんじ》の源《みなもと》と為《な》す。

――すべての実践は志を立てるところから始まる。

2

志《こころざし》専《もっぱ》らならずんば、業盛《ぎょうさかん》なること能《あた》わず。

――志を持ち、目指すものに集中しなければ、勉強や事業に力を発揮することはできない。

3

それ志《こころざし》の在《あ》る所《ところ》、気《き》もまた従《したが》う。志気《しき》の在《あ》る所《ところ》、遠《とお》くして至《いた》るべからざるなく、難《かた》くして為《な》すべからざるものなし。

——志があれば、気力もみなぎる。志と気力を兼ね備えれば、どんなに目標が遠くとも困難があろうとも達成できないものはない。

よしだ・しょういん　１８３０〜５９年。長州藩萩城下の下級武士の子に生まれる。五歳のときに叔父・吉田大助の養子となる。諸国を遊学し、佐久間象山らに師事。海外密航を企て投獄される。萩の松下村塾において高杉晋作ら錚々たる人材を育成。安政の大獄で斬首。享年三十。

「志士」と言われて真っ先に思い浮かぶのが吉田松陰です。松陰の志が源流となって、彼の志に憧れた多彩な人材が私塾の松下村塾《しょうかそんじゅく》から輩出し、幕府の瓦解《がかい》による維新の原動力になったという点でも、松陰は志士のなかの志士です。

松陰には「**体《たい》は私《わたくし》なり、心《こころ》は公《おおやけ》なり**」と、「私」と「公」を峻別《しゅんべつ》し、「公」の優先が根本にありました。自分の生活や安楽よりも全体のことを考える。しかも松陰は、藩（長州藩）や幕府どころか日本そのものが危ないという危機意識をもって、それを解決するにはどうすべきかというところから学びが始まっています。それがために最後には安政の大獄で斬首《ざんしゅ》されます。

視野を広くし全体を考える人間。未来を見据えて勇気を持って行動する人間。窮地に立たされてもブレない人間。これこそが志士です。今の時代はなんとなく気力が湧かない人が多いのですが、志が定まらないと気力が湧いてこず、成果が上がりません。

「**志を立てて以て万事の源と為す**」「**志専らならずんば、業盛なること能わず**」は今こそ噛みしめたい言葉です。松陰が好んだ『孟子《もうし》』には、「**志は気の帥《すい》なり**」（確たる目標や夢は、やる気、気力、気概の源《みなもと》である）とあります。

吉田松陰 ② 当に己れの地、己れの身より見を起すべし

4

事《こと》を論《ろん》ずるには、当《まさ》に己《おの》れの地《ち》、
己《おの》れの身《み》より見《けん》を起《おこ》すべし、
すなわち着実《ちゃくじつ》と為《な》す。

——天下国家を論じるには、自分が暮らしている場所と自分の立場から考えはじめるべきである。それこそが着実な進め方である。

5

飛《ひ》耳《じ》長《ちょう》目《もく》

——アンテナをはりめぐらせ、多くの情報を得て、それにもとづいて行動しなくてはならない。

6

菲《ひ》才《さい》或《あるい》は敗《はい》を致《いた》すも、素《そ》志《し》は終《つい》に摧《くだ》けず。

菲才或致敗
素志終不摧

——私には才能がないので、ひょっとしたら失敗することもあるだろうが、志は最後までくじけない。

7

草莽《そうもう》崛起《くっき》、豈《あ》に他人《ひと》（たにん）の力《ちから》を仮《か》らんや。恐《おそ》れながら、天朝《てんちょう》も幕府《ばくふ》・吾《わ》が藩《はん》も入《い》らぬ、只《た》だ六尺《ろくしゃく》の微躯《びく》が入用《いりよう》。

――志に徹する在野の者以外に、誰の手を借りようか。朝廷も幕府も長州藩もあてにならない。すべては志ある小さな人物の肩にかかっている。

松陰は兵学者ですので、国防のために日本全国を調査してまわっています。そうした見聞や、江戸から戻った藩士や諸国をまわった商人の情報などが、松陰のもとに集まりました。これらが「飛耳長目」と題した帳面に書き加えられ、塾生が自由に読むことができました。「足で稼いだデータベース」です。

「**飛耳長目**」は松下村塾のスローガンで、耳をそばだててよく聞き、目をしっかり開いてよく見なさい、世の出来事にいつも敏感でありなさいということです。そして、事を論ずるときには、足で稼いだ情報をもとに「**己れの地、己れの身より見を起すべし**」と、自分が置かれた立場で考えなさい。遠回りのようでも、それが一番着実な進め方だと説いています。

松陰が言う「**草莽崛起**」は、難局の打開は、幕府や藩の官職に就いている者のように志なき者はあてにならない。志を持った在野の人（志士）にしかできない。自分は才能がないから失敗もするだろうが、「**志だけは最後までくじけることはない**」と、松陰は「狂」（一つのことを信じる）という字がつくほどに志に徹して一筋《ひとすじ》の道を歩いた。孔子も「**吾《わ》が道は一《いつ》以《もっ》て之《これ》を貫《つらぬ》く**」（私は人生を通して生き方の根本は終始一貫、変わらなかった）と言っています。

8

吉田松陰③　各々一二の才能なきはなし

人々《ひとびと》貴《とうと》き物《もの》の己《おの》れに存在《そんざい》するを認《みと》めんことを要《よう》す。

——それぞれ人として大切なものが生まれつき自分に備わっていることを認めることが大切である。

9

人《ひと》賢《けん》愚《ぐ》ありといえども、各《おの》々《おの》一《いち》二《に》の才《さい》能《のう》なきはなし、湊《そう》合《ごう》して大《たい》成《せい》する時《とき》は必《かなら》ず全《ぜん》備《び》する所《ところ》あらん。

――人には賢愚の違いはあっても、どんな人でも一つや二つ、すぐれた才能を持っている。全力を傾けて一人ひとりの特性を大切に育てていくなら、その人なりの持ち味を備えた一人前の人間になることができる。

松陰は非常に優秀な教師でした。わずか数年の間に、叔父の玉木文之進《たまきぶんのしん》から引き継いだ松下村塾から高杉晋作、久坂玄瑞《くさかげんずい》、入江九一《くいち》、吉田稔麿《としまろ》、山県有朋《ありとも》、伊藤博文、品川弥二郎、前原一誠《いっせい》らを輩出しました。養子に入った吉田家（長州藩の山鹿《やまが》流兵学師範）の当主が夭逝《ようせい》すると、六歳の松陰が家職《かしょく》を世襲《せしゅう》し、叔父から厳格な教育を受け、十一歳のときには藩主に講義をしています。

松陰は生まれながらの教師であったと言えますが、一方的な教えではなく、討論を採り入れ、塾生が自分で考え、実践を念頭に置いて学ぶように導いています。今言われている「新しい学力観」（自ら学ぶ意欲や思考力、判断力、表現力などを学力の基本とする学力観）に近いものがあります。

松陰の『孟子』の講義録『講孟箚記《こうもうさっき》』（『講孟余話』）は、長州藩の獄中を教室にして、同囚《どうしゅう》の人たちに具体的な事例に沿った講義をまとめたものです。『孟子』という古典を解釈するだけにとどまらず、今の時代にどうとらえたらいいか、今の情勢にどう活かすか、行動をアウトプットするための学びを実践しています。刺激を与えつつ、塾生たちに備わった才能を見抜き、自分の特性を知って大事に育てていくことが、多彩な人材の輩出につながったと言えます。

吉田松陰 ④ 嘉言林の如く、躍々として人に迫る

10

読《どく》書《しょ》最《もっと》も能《よ》く人《ひと》を移《うつ》す。畏《おそ》るべきかな書《しょ》や。

――読書は人を大きく変える力がある。本の力は偉大である。

11

冊子《さっし》を披繙《ひはん》せば、嘉言《かげん》林《はやし》の如《ごと》く、躍《やく》々《やく》として人《ひと》に迫《せま》る。

――書物をひもとけば、心にひびく言葉が林のように連なっており、人の心に生き生きと迫ってくる。

12

書《しょ》を読《よ》みて以《もっ》て聖《せい》賢《けん》の訓《おしえ》を稽《かんが》う。

――書物を読んで、聖人・賢人の教えを参考に自分の考えをまとめることが大切である。

13

万巻《ばんかん》の書《しょ》を読《よ》むにあらざるよりは、いずくんぞ千秋《せんしゅう》の人《ひと》たるを得《え》ん。

——多くの本を読み、勉強しなければ、どうして名を残すような立派な人間になることができようか。

松陰の「人としての柱」は読書によってつくられたと言っていいでしょう。「**書物をひもとけば、心にひびく言葉が林のように連なっており、人の心に生き生きと迫ってくる**」と言っているように、膨大な読書を、それも自分の血や肉になる読書をしています。情報化社会と言われますが、私たちは言葉や情報を血肉になるように受け止めているかというと、じつは大部分が自分の脇を通り過ぎていくばかりではないかという気もします。

松陰が本を開いたときの様子を想像してみます。本の作者が眼前にいて、自分に生き生きと語りかけてくる。まさに自分のために言ってくれている言葉だというふうに受け取る。すると自分の考えが広がっていく。これは古典の一番いい読み方です。

古典を現在に引きつけて読むには、想像力で補う必要があります。すると、想像力の部分に、自分の考えが入ってくる。そこに自分を伸ばす鍵がある。言葉との出合いは人格との出合いです。古典の名言は、自分の問題を考えていくときの岩盤を砕いて突破口を開くツルハシのような道具でもあるのです。まさに松陰が言っている「**読書 最も能《よ》く人を移す**」です。

松陰の本との向き合い方は、きちっとした姿勢で素読する、身体的な読書です。暗誦《あんしょう》していますから、いつでもすぐに引用でき、他に応用することもできます。これは「身体化された知」というべきもので、この「技《わざ》としての読書」は、インプットするそばから出ていってしまうインターネットやSNSの情報時代の今こそ求められているのかもしれません。

14

吉田松陰⑤ ただ積誠これを動かし、然る後動くあるのみ

死《し》を求《もと》めもせず、死《し》を辞《じ》しもせず、獄《ごく》に在《あ》っては獄《ごく》で出来《でき》る事《こと》をする、獄《ごく》を出《で》ては出《で》て出来《でき》る事《こと》をする。

——あえて死を求めず、かといって死を恐れず、獄中にあっては獄中でできることをやり、獄を出たなら、そのときにできることをやるのみだ。

15

杉蔵《すぎぞう》往《ゆ》け。月《つき》白《しろ》く風《かぜ》清《きよ》し、飄然《ひょうぜん》馬《うま》に上《またが》りて、三百程《さんびゃくり》、十数日《じゅうすうじつ》、酒《さけ》も飲《の》むべし、詩《し》も賦《ふ》すべし。今日《こんにち》の事《こと》誠《まこと》に急《きゅう》なり。然《しか》れども天下《てんか》は大物《おおもの》なり、一朝《いっちょう》奮激《ふんげき》の能《よ》く動《うご》かす所《ところ》にあらず、それただ積誠《せきせい》これを動《うご》かし、然《しか》る後《のち》動《うご》くあるのみ。

——杉蔵（入江九一）よ、さわやかな月風の下、馬にまたがる早駆けの旅、酒を飲み詩をつくりながら行け。天下の形勢は急を要している。しかし、天下を動かすには一時の憤激では難しいぞ。日々誠《まこと》を積み重ねることによってのみ動かすことができるのだ。

松陰の塾生宛ての書簡には、彼がふだん塾生に語っている口調、物言いが表れていて、松陰の身体性が生きている文体になっています。こんな手紙をもらったら、松陰に語りかけられた気分になります。

前頁の手紙も、「杉蔵往《ゆ》け。月白く風清し……」と美文調で始まるのですが、美文に終始せずに、最後には、天下を動かすには日ごろの誠を積み重ねていくしかないと言い切っています。

これによって、杉蔵（入江九一＝二十一歳のときに松下村塾に入塾）の覚悟を新たにさせるとともに、彼に期待を寄せていることを迫力と説得力をもって語っています。松陰には若い人の心に火をつける力があったと思わされます。

この書簡から、夏目漱石が弟子の芥川龍之介らに宛てた手紙を思い浮かべました。

「どうぞ偉くなって下さい。然《しか》し無暗《むやみ》にあせっては不可《いけ》ません。ただ牛のように図々《ずうずう》しく進んで行くのが大事です」

「牛になることはどうしても必要です。（中略）根気づくでお出《い》でなさい。（中略）うんうん死ぬまで押すのです」

じつは漱石自身、「**命のやりとりをする様《よう》な維新の志士の如《ごと》き烈《はげ》しい精神で文学をやって見たい**」と、文学こそ「誠の道」と志していたのです。

入江や芥川たちにとって松陰や漱石は、ニーチェの言う「**超人を目ざして飛ぶ一本の矢、憧れの熱意**」だったのです。

ニーチェは、『ツァラトゥストラはこう言った』の中で言っています。「**あまりにもたくさんの蜜を集めた蜜蜂のように、このわたしもまた自分の貯えた知恵がわずらわしくなってきた。いまは、知恵を求めてさしのべられる手が、わたしには必要となってきた**」。自分は知恵というものを得たので、今度はそれを分かちたいという気持ちがニーチェにはあったのですが、そのような気持ちが松陰にも同じように強くあったのです。

「**獄に在っては獄で出来る事をする、獄を出ては出て出来る事をする**」。松陰は獄中にあって、いつ出られるともわからないなか、四年間で千数百冊もの本を読み、囚人（武士階級の者）などを相手に講義をおこなったといいます。

ひたむきに今の自分にできることに全身全霊をささげた松陰は三十年という短い生涯を死罪によって閉じることになります。

吉田松陰 ⑥ 武蔵の野辺に朽ぬとも留置まし大和魂

16

死《し》して不《ふ》朽《きゅう》の見《み》込《こみ》あらばいつでも死《し》ぬべし。生《い》きて大《たい》業《ぎょう》の見《み》込《こみ》あらばいつでも生《い》くべし。

――死んでも朽ちることがないという見込みがあれば、いつでも身を投げだすべきである。生きて大きな仕事をなしとげる見込みがあれば、どこまでも生きながらえるべきである。

17

心《こころ》はもと活《い》きたり、活《い》きたるものには必《かなら》ず機《き》あり、機《き》なるものは触《しょく》に従《したが》いて発《はっ》し、感《かん》に遇《あ》いて動《うご》く。

――心というものはもともと生きものである。生きているものには、必ず発動のはずみというものがある。機というものは、何かに触れることによって発動し、感動することによって働くものである。

18

かくすれば
かくなるものとしりながら
やむにやまれぬ大和魂《やまとだましい》

——このような密航のくわだてをすれば、このように捕縛される結果になることはわかっていたが、日本という国を切に思う、やむにやまれぬ気持ちから行動に踏み切った。これこそが日本人の魂なのだ。

19

身《み》はたとい武蔵《むさし》の野辺《のべ》に朽《くち》ぬとも留置《とどめおか》まし大和魂《やまとだましい》

――たとえ私の体はこの武蔵の野辺に滅んでしまうとしても、私の大和魂は心ある志士たちに受け継いでほしい。

志士というと、命を顧みずにやみくもに行動する者というイメージがありますが、松陰は違いました。死を覚悟したから一所懸命やったのではなく、やむにやまれぬ思いでやった果てに、もし死があるとすればそれを甘受《かんじゅ》しようというのが松陰のスタンスでした。

　ですから、「意味のある生《せい》を生きる」というのがポイントです。「**大和魂**」とここで言っているのは、身と魂を分けて、身が息絶えたとしても魂は残す。けっして神秘主義ではなく、自分を突き動かしている根本の思いを魂とすると、その思いが松下村塾の塾生や松陰の言葉を読んだ人たちに受け継がれていく。だから、死後も魂は生きている、となるのです。それがまさに塾生たちへの遺書『**留魂録**《りゅうこんろく》』（魂を留めおく書き置き）です。

「**かくすれば　かくなるものとしりながら　やむにやまれぬ大和魂**」は、黒船で密航をくわだて、西洋文明を国防に採り入れようと計画して失敗に終わったときに詠《よ》んだものです。結末はわかっていてもやめることができなかった。なぜなら、「**心はもと活《い》きたり、活きたるものには必ず機あり**」だから、外国文明を学ぶことは大きな「機」である。「機」というものは何かに触れることによって発動し、感動することによって働くものであるから、もしここで実行しなければ心は死んだに等しいと松陰は覚悟を定めたのです。自分を見つめてやりがいを見つけ、それをやりとげて、その果てにある死を受け止めるという覚悟のあり方を学ぶと、私たちも心が落ち着くのではないかと思います。

20

吉田松陰 ⑦ 義卿三十、四時已に備わる、亦秀で亦実る

十歳《じっさい》にして死《し》する者《もの》は十歳《じっさい》中《ちゅう》自《おのずか》ら四時《しじ》あり。二十《にじゅう》は自《おのずか》ら二十《にじゅう》の四時《しじ》あり。三十《さんじゅう》は自《おのずか》ら三十《さんじゅう》の四時《しじ》あり。五十《ごじゅう》、百《ひゃく》は自《おのずか》ら五十《ごじゅう》、百《ひゃく》の四時《しじ》あり。（中略）

義卿《ぎけい》三十《さんじゅう》、四時《しじ》已《すで》に備《そな》わる、亦《また》秀《ひい》で亦《また》実《みの》る、その秕《しいな》たるとその粟《あわ》たると吾《わ》が知《し》る所《ところ》にあらず。若《も》し同志《どうし》の士《し》その微衷《びちゅう》を憐《あわれ》み継紹《けいしょう》の人《ひと》あ

らば、乃《すなわ》ち後来《こうらい》の種子《しゅし》未《いま》だ絶《た》えず、自《おのずか》ら禾稼《かか》の有年《ゆうねん》に恥《はじ》ざるなり。同志《どうし》それこれを考思《こうし》せよ。

——人にはそれぞれにふさわしい春夏秋冬がある。十歳にして死ぬ者には十歳のうちにおのずからの四季がある。二十歳には二十歳の四季が、三十歳には三十歳の四季がある。五十歳には五十歳の、百歳には百歳の四季がある。（中略）私義卿《ぎけい》（松陰の字《あざな》）は三十歳、四季はすでに備わっている。私なりの花を咲かせ実をつけているはずだ。それがたんなる籾殻《もみがら》なのか、熟した粟の実なのかは私の知るところではない。もし同志諸君のなかに、私がささやかながら尽くした志に思いを馳せ、それを受け継いでやろうという人がいるなら、それは種子が絶えずに年々実るのと同じで、私の命が生きつづけていることになる。同志諸君よ、このあたりのことを熟考せよ。

この言葉は『留魂録』にある「**四時の順環**《じゅんかん》」（一年の季節の移り変わり）の一節です。人生が十歳で終わろうが、百歳で終わろうが、それぞれに四季がある。一生の長さはちがっても、一生＝四季に変わりはない。それぞれに花を咲かせ、実りがある。自分の人生は三十歳で終わるが、実りを迎えている。その実が中身のない籾殻なのか、熟した実なのかは自分の知るところではないが、同志諸君、心あるならばこの実（種）を播《ま》いて、新たな実りを迎えてほしい。そうすれば、私の魂（志）は永遠に留まり、受け継がれていく、と述べています。

黒澤明監督の『生きる』という映画は、市民の陳情を平然とたらいまわしにしていた役人が、余命いくばくもないとわかって、世の中を変えるために何か事をなして残したいと志し、悪臭の漂う空き地を公園に造りかえて死んでいくという物語です。この公園に、この町の人たちの心に、主人公の魂が留まり刻印されたわけです。

私たちも志を持って生きると、どこで人生の終わりがきても、自分にも四季があった、実りがあったと納得できる。志こそが「精神の幹」であり、この幹が丈夫でありさえすれば、枝葉が茂り、花が咲き、実りがもたらされます。

吉田松陰 ⑧ 人の禽獣に異る所以を知るべし

21

人間《にんげん》僅《わず》か五十年《ごじゅうねん》、人生七十古来稀《じんせいしちじゅうこらいまれ》、何《なに》か腹《はら》のいえる様《よう》な事《こと》を遣《や》って死《し》なねば成仏《じょうぶつ》は出来《でき》ぬぞ。

——人間の命はわずか五十年。七十年生きる人は昔からまれである。人間としてしっかり生きた証を残さなくては、満足して死ぬことができない。

22

今日《きょう》よりぞ幼心《おさなごころ》を打《う》ち捨《す》てて人《ひと》と成《な》りにし道《みち》を踏《ふ》めかし

——今日からは、親にすがって甘えるような心を振り切り、独り立ちした人間となるために、力強く歩んでいきなさい。

23

凡《およ》そ生《うま》れて人《ひと》たらば、宜《よろ》しく人《ひと》の禽獣《きんじゅう》に異《こと》なる所以《ゆえん》を知《し》るべし。

——人間として生まれてきたからには、動物と違うところを知らなければならない（どこが違うか、それは人間は道徳を知り、実践できることである。人として生まれた甲斐のある生き方をしよう）。

当時の平均寿命は五十歳ほどと言われますが、短い人生だからこそなおさら、人間らしいこと、腹にぐっとくることをやらないと成仏さえもできない。しっかりやってこそ成仏できると言って、一つ事をなす大切さを強調しています。

「**腹のいえる様な事**」とは、自分が満足するためでなく、人のために何かをすること。「公《おおやけ》」のために何かをするときは、精神のバランス、心のバランスがとれています。身近なことで言えば、子どもが生まれて親の立場になったことで心構えが定まり、「精神の背骨」がしゃんとするということもあります。

松陰の言う「人のため」「公のため」という考え方を小学生のころから心に刻んでおくと、子どもたちの将来の力になると思います。

前頁の22・23番は山口県萩市立明倫《めいりん》小学校で暗誦している松陰の言葉の一例です。長州の藩校「明倫館」の名を継いだこの学校では、一学期に一つずつ松陰の言葉を暗誦し、六年間で十八の言葉を心に刻み、「精神の軸」を養っています。「精神の軸」となる校訓は、全国の小中高にもあります。精神の軸ができると、人生を生きるうえで、心の負担を減らしていけます。精神の軸がないと、自己中心的になり、苦しくなってしまいます。

24

高杉晋作《たかすぎしんさく》 ①「これ何物ぞ何物ぞ」と心に唱うる

心《こころ》すでにこれを感《かん》ずれば すなわち口《くち》に発《はっ》し、声《こえ》をなす。

――人はものごとに感動すれば、自然とその感慨を口にするものだ。

たかすぎ・しんさく　1839〜67年。長州藩萩城下の武士の子に生まれる。松下村塾に学び、攘夷運動を展開。下関防備を任され奇兵隊を創設。功山寺で挙兵し、藩論を倒幕に転じさせた。第二次長州征伐で幕府軍に勝利。肺結核により病死。享年二十九。

25

出《いず》る息《いき》にて「不動明王《ふどうみょうおう》」と心《こころ》にて唱《とな》う、折節《おりふし》、「これ何物《なにもの》ぞ何物《なにもの》ぞ」と心《こころ》に唱《とな》うること、今日世間難所《こんにちせけんなんしょ》と、堪忍《かんにん》しがたきこと、この術《じゅつ》を以《もっ》て処《しょ》し去《さ》る、堪《た》え去《さ》る。昼夜《ちゅうや》ともに心《こころ》に唱《とな》え、我《わ》が神《かみ》を凝《こ》らす。すなわち心《こころ》を研《と》ぐ一術《いちじゅつ》なり。

——吐く息ごとに「不動明王」と祈り、そのとき何が起こっていても「これしきのことは何でもない何でもない」と心にとなえる。この術をもって世間に待ちうける難所を切り抜け、堪忍しがたいことを堪忍する。昼も夜もとなえ、自分の中の神を見つめることでわが心が磨かれる。

26

人《ひと》の腹《はら》にて、わきっぱらの下《した》を、たんれんと云《い》う、ここへ我《わ》が心《こころ》を落《お》ちつかせねばならぬ。

——人間の腹で、脇腹の下（臍の下三寸）をたんれん（丹田《たんでん》）という。そこに自分の心を落ちつかせることが大事である。

高杉晋作は、吉田松陰の志を全身に浴びた、独自の発想力と行動力の人物です。鼻っ柱が強く、征夷大将軍すら恐れない。ひょうきんで、遊び上手でもある。もし晋作が会社に入って、上司に松陰がいたとしたら、人の顔色をうかがうことなく、自分の発想でどんどん仕事を進めていくパワーを見込まれて、引き立てられるのではないでしょうか。

個性化教育と言われて久しくなりますが、いま就職試験で採用側は「学生がおしなべておとなしくまじめになってしまい、選ぶのがむずかしい」と言っています。晋作のような発想と行動力は大胆さから生まれるものですから、今の子どもたちにも「大胆にやっていいんだよ」と励ましつづけることが必要です。

ただし、晋作は大胆ではあっても自分勝手ではありません。統率力があり、人と協力できたからこそ奇兵隊を組織できました。上海に行ったときには、このままでは清国と同様に欧米に植民地化されてしまうと「感じ」、攘夷というより日本そのものを整備すべきと「発信」していくことになります。まさに「**心すでにこれを感ずればすなわち口に発し、声をなす**」です。

生来、大胆不敵な晋作が、難所を切り抜けるために、耐え忍ぶために、一所懸命に「不動明王」と祈り、「これしきのことは何でもない何でもない」と念仏のように自分に言い聞かせていたと知ると、ちょっとほっとします。心を研ぎつづけることで「**たんれん**」(丹田)に落ち着かせる。腑《ふ》に落ちてこそ志です。

27

高杉晋作 ②　拙者独立独行、甘じて暴発致す

砕《くだ》く我《わが》身《み》と申《もうす》は、拙《せっ》者《しゃ》独《どく》立《りつ》独《どっ》行《こう》、甘《あまん》じて暴《ぼう》発《はつ》致《いた》す訳《わけ》なり、諸《しょ》君《くん》よろしく読《よ》みたまえよ。

──「砕くわが身」というのは、私が独立独行し獅子奮迅の働きをすることを表したのだ。諸君、心して読んでくれ。

28

道《みち》、何《な》んぞさらに孔子《こうし》に求《もと》めん、
我《わ》が心《こころ》に求《もと》むれば
すなわち明《あきら》かなり。

――聖賢の教えによらなくとも、己の心に恥じないようにすれば、天理にかなう。

29

後《おく》れても後《おく》れてもまた君《きみ》たちに誓《ちか》いし言《こと》を吾《われ》忘《わす》れめや

――志をともにした仲間が次々と先立っていくが、誓いを立てたことは忘れていない。どれほど自分は後れても、誓いを果たして追いつかん。

「独立独行、甘じて暴発致す」――福沢諭吉も「独立」ということをさかんに言っていますが、高杉晋作は自分で考えて自分で行動することを自覚的におこなったという点で、自分に根拠を求める**「我思う、故に我あり」**のデカルト的な要素を備えた近代人だったと思います。

慣習や因習の外に出てシステムを組み替える勇気が晋作にはありました。ところがそれが、はたからは、むちゃなことをしているように見えたわけです。その言動は、のちに世界的企業となるホンダの本田宗一郎やソニーの井深大《いぶかまさる》に通じるものがあります。日本の社会では、ちょっとむちゃをやると出る杭は打たれる式に頭をそろえようとする意識がはたらきます。しかも協調性というよりは、その根元には嫉妬心のようなものが潜んでいます。

晋作はおそらく、そうした日本人の心の弱さをわかっていて、自分がむちゃをすることによって、人のできないことをやり、雑木林を切り開き、道なき道をつくる。そうすれば人は後からついてくると思っていたのです。一藩の軍隊（奇兵隊）が幕府軍に勝つと思った人は当時何人いたでしょうか。

先例にとらわれない晋作は「**道、何んぞさらに孔子に求めん**」と、孔子にさえ遠慮しないと言っています。これは『論語』の正しい読み方だと思います。『論語』に「**仁に当たっては師にも譲らず**」——非常に高い徳（仁）を実践するときには師にさえ遠慮する必要はない、とあります。晋作にとって仁とは「おのれの心に恥じない」ことだったのです。

30

高杉晋作③　面白きこともなき世におもしろく

強《つよ》き百万《ひゃくまん》といえどもおそれず、弱《よわ》き民《たみ》は一人《ひとり》といえどもおそれ候《そうろう》こと、武道《ぶどう》の本意《ほんい》といたし候《そうろう》。

――強力な百万の軍勢を恐れず、弱い一人ひとりの民を恐れよ。これこそ武士道の本懐である。

31

一《いち》段《だん》と見《み》る所《ところ》、聞《き》く所《ところ》、取《と》る所《ところ》、言《い》う所《ところ》、一《いち》々《いち》草《そう》芥《かい》の如《ごと》くなり、然《しか》る後《のち》、人《にん》間《げん》当《あた》り前《まえ》の事《じ》業《ぎょう》へ用《もち》い出《だ》すなり。

――一段高い視点に立てば、見るもの、聞くもの、取るもの、言うこと、すべては草芥（雑草やごみ）のように思えてくる。こうした心境になってこそ、大きな仕事ができるようになる。

32

面白《おもしろ》きこともなき世《よ》に（を）おもしろくすみなすものは心《こころ》なりけり

――ただ漫然と生きているだけでは、面白くも何ともない世の中を、血湧き肉躍り、愉快でたまらなくするのは、それぞれの人の心がけしだいである。

32番は「世に」と「世を」の二つの説があり、下の句（す〔住〕みなすものは……）は、女流歌人で勤王派の野村望東尼《ぼうとうに》（「もとに」とも）が上の句につづけて詠んだものという説もあります。

大学の授業で学生たちから次々に笑いが起こるのが私が目指している授業です。私には授業の際の決まり文句があって、たとえば「青春とは何だ」と学生に訊《き》くと、「This is it!」と答える。「生きているという感じがするだろう」と問いかけると、学生たちが「します」と答えることになっています。そんなふうにして学生の気持ちを沸き立たせることを大切にして授業をしています。

高杉晋作は周囲の人間の気持ちを沸き立たせる名人です。志士というと志一辺倒の堅物《かたぶつ》というイメージがありますが、高杉は師の吉田松陰とはまたちがった人間味のある人でした。「**一段高い視点に立てばすべては雑草やごみのように思えてくる**」も、高杉には自分の人生を外から眺める心の余裕（遊び心）があったことがわかる言葉です。つねに視点を上において全体を見渡す、先を見通す。この世はけっして面白いものではないし、くだらないことも多々ある。それが世の中というものなのだから、楽観も悲観もせず、自分に与えられた生を面白く生きようじゃないか、生きてやろうじゃないかというのです。

以前、トヨタの発表会でボディがピンク色のクラウンに試乗したことがありました。黒塗りではなくピンクで世の中を面白くしてみようとのトヨタの心意気が感じられました。ピンクのクラウンが走っていると、街に花が咲いたようにうきうきし、重厚なのに軽い感じがします。

生きることそのものを面白くできないかとチャレンジする人は今もいます。

33

坂本龍馬《さかもとりょうま》 ①　世の中の事は月と雲、おかしきものなり

世《よ》の中《なか》の事《こと》は月《つき》と雲《くも》、実《げ》にどうなるものやらしらず、おかしきものなり。

――世の中のことは月と雲のようだ。風しだいで雲は動き、月は見え隠れする。どうなるかわからない、それが世の中の面白さだ。

さかもと・りょうま　1836～67年。土佐の人。土佐藩を脱藩して勝海舟門下に。海軍操練所の塾頭。薩長同盟に尽力し、海外貿易などを目指して亀山社中（海援隊）を結成。大政奉還に向けて「船中八策」を起草するが、京都で暗殺される。享年三十二。

34

天下《てんか》に事《こと》をなすものは、ねぶともよくよく腫《は》れずては、針《はり》へは膿《うみ》をつけもうさず候《そうろう》。

——ねぶと（腫れもの）は十分に腫れるまで待たないと、膿を出そうと思って刺した針に膿がついてこないように、天下に事をなそうとする者は、よくよく時機が熟すのを待たなくてはならない。

35

人間《にんげん》と云《いう》ものは世《よ》の中《なか》のかきがらの中《なか》にすんでおるものであるわい、おかしおかし。

――人間は、牡蠣がらの中にこもって視野を狭くしている。なんと滑稽なことだ。

坂本龍馬は幕末の志士のなかでも特別に人気の高い人物です。なにより人間性が柔軟で、おかしみがあって、しかも筋《すじ》が通っています。龍馬は青年期にフィットする人物です。青年期には龍馬のように大きいことを考え、大きいことをやりたいと、一度は思いきり風呂敷を広げてほしい。最初からこぢんまりとしたのでは、風呂敷を広げる機会を逸してしまう。大風呂敷を広げて社会に体当たりし、そのあとに風呂敷を狭《せば》めていくことがあってもかまわないのです。

攘夷以外には考えられないと、殻にこもって視野を狭くしているのはおかしなことだと龍馬が言ったのは、勝海舟に出会えたからこそ出た言葉です。日本を守るには海軍を整え、海防の備えなしには外国と互角に勝負できないという大きな方向性を海舟から与えられたことが、脱藩浪人となっても、薩長同盟や海援隊など大きな働きをすることにつながったわけです。

「大筋を間違えない」ことはとても大事です。一所懸命な人はたくさんいますが、次の世への方向性が合っているかズレているかによって、同じ努力でも、後ろに引っ張られるのか、前への推進力になるのか、大きく違ってきます。

「大局観を見失わない」という坂本龍馬の見識は今に生きています。

36

坂本龍馬②　あまりまろきはころびやすきぞ

世《よ》の人《ひと》はわれをなにともゆわばいえ わがなすことはわれのみぞしる

——世間の人がなんと言おうと、言わせておけばいい。自分のすることは自分にしかわからないのだから。

37

丸《まる》くとも一《ひと》かどあれや人心《ひとごころ》あまりまろきはころびやすきぞ

――人の心持ちは温厚なだけでなく、なにかしら譲れない部分を持ち合わせていなければならない。他人に合わせすぎると、かえって困難を生じやすい。

38

何《なん》の志《こころ》ざしもなき所《ところ》にぐずぐずして日《ひ》を送《おく》るは、実《げ》に大馬鹿《おおばか》ものなり。

――何の目標もないまま、ぐずぐずして毎日を過ごすのは、じつに大馬鹿ものだ。

39

人間《にんげん》の一世《ひとよ》は合点《がてん》の行《いか》ぬは元《もと》よりの事《こと》、運《うん》のわるいものは風呂《ふろ》よりいでんとして、きんたまをつめわりて死《し》ぬるものもあり。それとくらべては私《わたし》などは、運《うん》がつよく なにほど死《し》ぬる場《ば》へでても死《し》なれず、自分《じぶん》で死《し》のうと思《おも》うても又生《またい》きねばならん事《こと》になり（後略）

——人の一生は、合点がいかないのは当然で、運の悪い人は風呂から出ようとして、キンタマを割って死ぬこともある。私などは運が強く、死ぬような場面に居合わせても死なず、自分で死のうと思っても、また生きなければならなくなり、……。

「世の人はわれをなにともゆわばいえ　わがなすことはわれのみぞしる」。人がなんと言おうと自分が思ったことをやる。龍馬は土佐勤王党の志士として奔走しているとき、松下村塾の俊才、久坂玄瑞《くさかげんずい》と会談しています。この際、名もない草の根の同志が結集して動くことで日本を変えていくという久坂の発想(松陰の思想)に触れて影響を受け、脱藩して倒幕に向けて動きはじめます。

勝海舟との出会いといい、久坂との出会いといい、龍馬は出会う人ごとに思想や志を柔軟に吸収しています。誰の懐にもすーっと入りこむ竜馬の人間性には見習うべきものがあります。かつては身分や住居の制約がありましたが、今の日本は自由に動けますから、いろいろな人に会って、刺激にしたいものです。

人間性といえば、龍馬の手紙からは、彼の生きている姿がありありと浮かんできます。**「あまりまろきはころびやすきぞ」「ぐずぐずして日を送は、実に大馬鹿ものなり」「きんたまをつめわりて死ぬるものもあり」**――肉声で語っているところに魅力を感じます。今は手紙を書く機会が減ってしまいましたが、当時の青年たちは、自分が感激したことや影響を受けたことを手紙をもって語ることをしていました。人は書いたり話したりすることで伸びていくものです。

坂本龍馬 ③ 日本を今一度せんたくいたし申候

40

日本《にっぽん》を今一度《いまいちど》せんたくいたし申候《もうしそうろう》事《こと》にいたすべくとの神願《しんがん》にて候《そうろう》。

――日本をいま一度一新したいと心から願っています。

41

土《と》佐《さ》のいもほりともなんともいわれぬ、いそうろ《（居候）》に生《うまれ》て、一人《ひとり》の力《ちから》で天《てん》下《か》うごかすべきは、これまた天《てん》よりする事《こと》なり。

——土佐の芋掘りとさえ言われかねない居候の分際の自分が、一人の力で天下を動かすとしたら、それは天から授かった知恵がさせているのだ。

42

どろの中《なか》のすずめがいのように、常《つね》につちをはなのさきへつけ、すなをあたまへかぶりおり申《もうし》候《そうろう》。

――泥の中のスズメガイ（蜆貝）のように、いつも土を鼻先につけ、頭に砂をかぶっております（高い志と自負ばかりではなく、騒然たる世の中で貝のように足を地につけて着実に仕事をこなしつつ時を待っています）。

34番（72頁）で「腫れものは十分に腫れるまで待たないと、膿を出そうと思って刺した針に膿がついてこないように、天下に事をなそうとする者は、よくよく時機が熟すのを待たなくてはならない」という言葉をとりあげました。「状況に応じて待つ」ことのたとえですが、今の人は「待つ」ことが苦手になっています。情報を素早く手に入れ、それに対処したらすぐ次に進む。この加速に追われて、「本当に時が熟したか」という問いかけが少なくなっています。

龍馬はたんに時機を待つのではなく、「**騒然たる世の中で貝のように足を地につけて着実に仕事をこなしつつ時を待っています**」と言っています。龍馬の行動は大胆に見えますが、その実、着実に事を進め、冷静に判断し、合理的に振る舞っています。「**日本を今一度せんたく**」するような大事《おおごと》も、土佐一国で学べば、一国だけの論になってしまうから、もっと広い世界で見聞を広め、「天授の知恵」を使わなければならないと肝《きも》に銘《めい》じていたのです。次の世のヴィジョンを思い描いてグランドデザインを練り、それを共有して動くという在り方を見るにつけ、私が新撰組の面々に志士としていま一息の感を持つのは、情熱は人一倍あってもグランドデザインに欠けているからかもしれません。

43

後藤象二郎《ごとうしょうじろう》　事若し行われずんば余も生還の意なし

事《こと》若《も》し行《おこな》われずんば余《よ》も生還《せいかん》の意《い》なし。

――大政奉還が実行されなければ、私も生きて二条城から退去する意思はない。

ごとう・しょうじろう　１８３８〜９７年。土佐藩の上士の家に生まれる。藩主山内豊信のもとで大監察となり、武市半平太ら土佐勤王党を断罪。坂本龍馬が起草した「船中八策」をとりまとめ、この構想をもとに豊信を説得し大政奉還を実現させる。維新後は逓信大臣・農商務大臣などの要職に就く。享年六十。

後藤象二郎は坂本龍馬が示した「船中八策」をとりまとめて藩主の山内豊信《とよしげ》（容堂《ようどう》）に提言し、豊信が建白書として徳川慶喜《よしのぶ》に新国家のデザインを突きつけた。これが大政奉還への流れをつくりますが、龍馬は脱藩浪人なので直接にはできないので、後藤象二郎が藩主の説得という大仕事をしたわけです。

ところが、慶喜は態度を明らかにしません。龍馬は「もし後藤先生の建白書が採用されなかったら地獄で会うことになるでしょう」と手紙で言ってきます。その返信が「**事若し行われずんば余も生還の意なし**」です。

二条城から生きて帰るつもりはないという覚悟で臨んだ象二郎は、損得で動いていません。志士の志士たる所以《ゆえん》です。しかも、「坂本君も軽挙《けいきょ》はしないように」（軽はずみな行動は慎むように）と留保して、むやみに死をもって臨むという態度をとりません。象二郎は直情径行型ではなく、寝業師《ねわざし》とでも言うべき人です。国家的なデザインをもって未来に向けて私利私欲にとらわれずに動いていく。そうした情熱を組織のなかで生かすことに長《た》けていました。その二枚腰が維新後の難局を乗り切るのにも生かされています。

「組織の中の志士」象二郎の生き方は企業などで生きる人の参考になります。

44

西郷隆盛《さいごうたかもり》 ① 幾たびか辛酸を歴て　志始めて堅し

吉之助《きちのすけ》の一諾《いちだく》、死《し》以《もっ》てこれを守《まも》る。

――わたくし吉之助（隆盛）がひとたび承諾したかぎりは、自分の命にかえてでもその約束は守る。

さいごう・たかもり　１８２８〜７７年。薩摩藩下級士族の子。藩の江戸屋敷詰めとなり、尊攘派の藤田東湖や橋本左内に学んだのち、島津斉彬の側近に抜擢。薩長同盟を結び、王政復古、戊辰戦争を指揮。江戸城無血開城を実現。征韓論で大久保利通と対立して下野し、西南戦争で自害。享年五十。

45

幾《いく》たびか辛酸《しんさん》を歴《へ》て　志《こころざし》始《はじ》めて堅《かた》し
丈夫《じょうふ》は玉砕《ぎょくさい》するとも甎全《せんぜん》を恥《は》ず
我《わ》が家《いえ》の遺事《いじ》　人《ひと》知《し》るや否《いな》や
児孫《じそん》の為《ため》に美田《びでん》を買《か》わず

幾歴辛酸志始堅
丈夫玉砕恥甎全
我家遺事人知否
不為児孫買美田

——いくたびも辛く苦しい経験をしてはじめて、志は堅固なものとなる／男子たるもの、玉となって砕けるのは本懐であり、つまらない瓦となってまで生きながらえるのは恥だ／わが家の後代に伝えるべき遺訓を人は知っているだろうか／子孫のために田畑（財産）を買い残しておくことはしない

46

命《いのち》もいらず、名《な》もいらず、官位《かんい》も金《かね》もいらぬ人《ひと》は、仕末《しまつ》に困《こま》るものなり。この仕末《しまつ》に困《こま》る人《ひと》ならでは、艱難《かんなん》を共《とも》にして国家《こっか》の大業《たいぎょう》は成《な》し得《え》られぬなり。

――命もいらない、名声もいらない、官位もいらない、金もいらない、という人は仕末に困る。このような仕末に困る人でなければ、困難を共にして、国家の大きな仕事を大成することはできない。

坂本龍馬が西郷隆盛を評して「**成程《なるほど》西郷という奴《やつ》は、わからぬ奴だ。少しく叩《たた》けば少しく響き、大きく叩けば大きく響く。もし馬鹿なら大きな馬鹿で、利口なら大きな利口だろう**」と言ったところ、勝海舟は「**西郷に及ぶことの出来ないのは、その大胆識《だいたんしき》と大誠意とにあるのだ**」と続けています（勝海舟『氷川《ひかわ》清話《せいわ》』）。それがために西南戦争では「大きな馬鹿」と見えることをやってしまうのですが、「**一諾、死以てこれを守る**」と、ひとたび約束したことは自分の命にかえてでも守る人、言行一致の「信」の人物でした。信のおける人物だったからこそ、「立ち話で江戸城無血開城が実現した」と海舟は言っています。

同じ薩摩藩でも、大久保利通が新時代の非常に優秀な官僚タイプだとすれば、西郷は近代的な人間というよりは、義理人情の世界を背負いながら大誠意を貫いた人と言えます。「**命もいらず、名もいらず、官位も金もいらぬ人は、仕末に困る**」――西郷は「目先の利益を考えられなくて、そういうところが馬鹿だけどいいやつなんだ」というタイプの、まさに「仕末に困る人」でした。

島流しなどで「**何度も辛く苦しい経験をして志を堅牢《けんろう》にした**」わけで、その気胆《きたん》の大きさは目先の利益に右往左往しがちな現代人が見習うべきところです。

47

西郷隆盛② 人を相手にせず、天を相手にせよ

道《みち》は天地自然《てんちしぜん》の道《みち》なるゆえ、講学《こうがく》の道《みち》は敬天愛人《けいてんあいじん》を目的《もくてき》とし、身《み》を修《しゅう》するに克己《こっき》を以《もっ》て終始《しゅうし》せよ。

――人が踏むべき道は天から与えられた道理であるから、学問の道は天を敬い人を愛することを目的として身を修め、つねに自分に克つことに努めなければならない。

48

人《ひと》を相手《あいて》にせず、天《てん》を相手《あいて》にせよ。
天《てん》を相手《あいて》にして、
己《おの》れを尽《つくし》て人《ひと》を咎《とが》めず、
我《わ》が誠《まこと》の足《た》らざるを尋《たず》ぬべし。

――狭い人間世界にこだわらずに、広大無辺の天に思いを馳せよ。天の示す道を実現するために誠を尽くし、人をとがめるようなことをせず、自分に真心が足りないことを顧みるべきである。

49

己《おの》れに克《か》つに、事々物々《じじぶつぶつ》時《とき》に臨《のぞ》みて克《か》つ様《よう》にては克《か》ち得《え》られぬなり。兼《かね》て気象《きしょう》を以《もっ》て克《か》ち居《お》れよ。

――自分に克つには、事件や物事を眼前にして、そのときになって「さあ、自分に打ち克たねば」と思っても、そう簡単にはいかない。平生からその心がけを持たなければならない。

西郷隆盛というと大胆不敵という印象がありますが、じつは相手をじわじわと追い込んでいき、戦わずして勝つ戦略家です。その素養は藩主の島津斉彬《なりあきら》の側近に抜擢されたことで磨かれます。斉彬は薩摩藩にあって近代的な兵力の充実に力を入れ、近代国家のデザインを藩の中ですでに実践していた人です。「**西洋人も人であり、また**（藩の近代化に邁進《まいしん》する）**佐賀人も人である以上、薩摩人に不可能の理《ことわり》はなし**」とした斉彬に側仕《そばづか》えすることで視野を広げた西郷。

内村鑑三は『代表的日本人』で「**『敬天愛人』の言葉が西郷の人生観を要約している。それはまさに知の最高極致であり、反対の無知は自己愛で有ります**」と述べています。西郷の考えは「人が踏みおこなうべき道は天から与えられた道理であるから、学問は天を敬い人を愛することを目的とし、自分を甘やかしてはならない」に集約されます。現代人は「天」という考え方が薄れてしまったためか、自己愛が強くなり、自己中心的になっています。

私は「天」という一語こそ日本人の精神を高い水準で保ってきた一つの要素ではないかと思います。その倫理観が日本人の強さを支えていました。

「天」とは天下のことではなく、『論語』の「**我を知る者はそれ天か**」です。自分の運命を見渡してくれている大きなもの（天）があるから、自分を愛することや哀れむことに執着しなくていいというものです。天という大きな視点を持つことで行動のスケールが大きくなる。西郷の生き方はまさにこれでした。

50

中岡《なかおか》慎太郎《しんたろう》　涙をかかえて沈黙すべし。外に策なし

非《ひ》常《じょう》の難《なん》を救《すく》う者《もの》は、非《ひ》常《じょう》の行《こう》なくんば有《あ》るべからず。

——非常時の困難を救おうとする者は、非常の行動がなければ対処できない。

なかおか・しんたろう　１８３８〜６７年。土佐藩の大庄屋の子。土佐勤王党に参加し攘夷運動に傾倒後、長州藩の久坂玄瑞らとともに、佐久間象山たちと交流。その後、脱藩して尊攘運動を展開。坂本龍馬とともに薩長同盟を実現。陸援隊を組織して隊長となるが、京都・近江屋で襲われ死去。享年三十。

51

天下《てんか》挽回《ばんかい》再挙《さいきょ》なきにあらず、然《さ》りながら今《いま》暫《しばら》く時《とき》を見《み》るべし。依《よっ》て沸騰《ふっとう》及《および》脱藩《だっぱん》は甚《はなは》だ無益《むえき》なり。涙《なみだ》をかかえて沈黙《ちんもく》すべし。外《ほか》に策《さく》なし。

――天下挽回の再挙の機会はもちろんあるが、ここはしばらく自重すべきである。突出したり脱藩してもいまは無益である。涙をかかえて沈黙するしか策はない。

薩長同盟は中岡慎太郎が地ならしをしたから成立したとの証言があるように、坂本龍馬よりも貢献度が高かったとも言えます。当時は勅諭《ちょくゆ》（天皇の下命《かめい》）が絶対でしたから、公家をいかに巻き込むかが焦点となります。中岡はこの朝廷側の抱き込みを公家たちの調整をはかることで成功に結びつけ、その結果、薩長が錦《にしき》の御旗《みはた》を握ることができたのです。

前頁の51番の言葉は、土佐藩の尊皇攘夷派二十三人が志むなしく断罪されたとき、はやって脱藩しても無益だから自重せよと同志に送った手紙の一節です。いまは「**涙を抱えて沈黙するしか策はない**」。しかし、いつか「**非常時の困難を救わんとするために、必ず非常の行動を必要とするときがやってくる**」と、志を実現するために「自重」と「覚悟」を説いています。中岡の生涯は血気《けっき》にはやるというよりも、合理的で冷静な判断のもとに行動し、先をしっかりと見通していました。中学・高校のときから「志」のある生き方に憧れていた私は、自分の著書にサインするとき「志」の一字を書きます。人は何のために生きるのかがわからなくなると、自分の「中心」を失った気になりますが、志が「精神の軸」としてあれば生きることの意味をしっかり摑《つか》むことができるのです。

52

佐久間象山《さくましょうざん》　罪の有無は我にあるのみ

孔子《こうし》の聖《せい》も、なおかつ憤《いきどお》りを発《はっ》して食《しょく》を忘《わす》れ、敏《びん》にしてもってこれを求《もと》めたり。何《なん》ぞいわんや吾《わ》が輩《はい》をや。

――孔子のような聖人でさえ、発奮して寝食を忘れ、努めて道を求めた。私のような者が努力するのは当然のことである。

さくま・しょうざん（「ぞうざん」とも）　1811〜64年。信州・真田家家臣の長男。佐藤一斎に学ぶ。私塾「象山書院」を開き多くの門弟を集めた。大砲製造、電池の製作などに成功するが、吉田松陰の米国密航事件に連座して数年にわたり蟄居《ちっきょ》。京に上り、開国遷都を主張して尊攘派に暗殺される。享年五十四。

53

行《おこな》うところの道《みち》は、もって自《みず》から安《やす》んずべし。得《え》るところの事《こと》は、もって自《みず》から楽《たの》しむべし。罪《つみ》の有無《うむ》は我《われ》にあるのみ。外《そと》より至《いた》るものは、あに憂戚《ゆうせき》するに足《た》らんや。

――自分の行為の価値は、自分で判断するべきである。行為の結果を本当に味わうことができるのは自分しかいない。罪の有無も自分自身の問題であって、外からこうむった罪など気にかける必要はない。

54

人《ひと》の己《おのれ》を誉《ほ》むるも、己《おのれ》において何《なに》をか加《くわ》えん。もし誉《ほまれ》によりて自《みず》から怠《おこた》らば、すなわち反《かえ》って損《そん》せん。人《ひと》の己《おのれ》を毀《そし》るも、己《おのれ》において何《なに》をか損《そん》せん。もし毀《そしり》によりて自《みず》から強《つと》めば、すなわち反《かえ》って益《えき》せん。

——人が私のことを誉めてくれても、それが何の足しになろうか。誉められて怠慢になれば、かえって損をする。逆に人が私を非難しても、それは少しも私をそこなわない。その非難によって発奮努力すれば、むしろ益になる。

「孔子のような聖人でさえ寝食を忘れるほどに発奮努力しているのだから、私のような者が努力するのは当たり前」と言った佐久間象山。たいへんな秀才で、西洋にも通じていながら、実践に踏み出す「戦う学者」でした。ただ勉強するのではなく、問題意識がはっきりしていた。ですから、彼を訪ねることがすなわち時代の最先端に触れることを意味していました。その卓見は、勝海舟、吉田松陰、橋本左内、高杉晋作などの俊英を惹《ひ》きつけました。

今の日本でも、象山のような、総合的で実践的な学問をする人が求められています。細分化しすぎたために全体像を見失ったのでは、学者としては情けない。「広く深く」知識を身につけ、実践に結びつけていく。こうした象山スタイルの学問こそ、大学で学ぶべきスタイルです。

「自分の行為の価値は自分で判断する」「誉められようが非難されようがわずらわされない」――すべては自分しだいであり、独立独歩の生き方を選べるかどうかにかかっている。そんな象山の言葉は、友人のＳＮＳに傷ついた、悪口が聞こえてきたなど、自分のまわりの狭い範囲で「酸欠状態」のようになっている人に嚙みしめてほしい言葉です。

55

久坂玄瑞《くさかげんずい》　草莽の志士糾合義挙の外にはとても策これ無き

何卒《なにとぞ》先師《せんし》の非命《ひめい》を悲《かな》しむこと無《む》益《えき》なり。先師《せんし》の志《こころざし》を墜《おと》さぬ様肝要《ようかんよう》なり。（中略）鼓舞振起《こぶしんき》これ祈《いの》る。

――いずれの同志も、松陰先生の死を悲しむばかりでは益がない。それよりも松陰先生の志を忘れず、引き継ぐことが大事である。（中略）自らを鼓舞し奮い立つことを願う。

56

くさか・げんずい　1840～64年。長州藩医の子。藩の医学所で学ぶ。松下村塾で高杉晋作と双璧と言われ、吉田松陰の妹と結婚。藩を超えた尊皇攘夷運動の中心人物として、国元と江戸・京都で活動する。英国公使館焼き討ち、外国船砲撃事件などに参加し倒幕に動く。禁門の変で負傷、自害する。享年二十五。

諸侯《しょこう》恃《たの》むに足《た》らず、公卿《くぎょう》恃《たの》むに足《た》らず、草莽《そうもう》の志士《しし》糾合《きゅうごう》義挙《ぎきょ》の外《ほか》にはとても策《さく》これ無《な》き事《こと》（中略）失敬《しっけい》ながら尊藩《そんぱん》も滅亡《めつぼう》して大義《たいぎ》なれば苦《くる》しからず。

——諸大名や公家はあてにならない。草莽（草の根）の連中の義挙のほかには、日本を救う手立てはない（中略）大義のためであれば尊藩（土佐藩）も滅んでもかまわないではありませんか。

57

「御楯武士《みたてぶし》」

一《ひと》つとや　卑《ひく》き身《み》なれど武士《もののふ》は、皇御軍《すめらみいくさ》の御楯《みたて》じゃな、これ、御楯《みたて》じゃな

二《ふた》つとや　富士《ふじ》の御山《おやま》の崩《くず》るとも、心岩金《こころいわがね》砕《くだ》けやせぬ、これ、砕《くだ》けやせぬ

三《みっ》つとや　御馬《みま》の口《くち》を取直《とりなお》し、錦《にしき》の御旗《みはた》ひらめかせ、これ、ひらめかせ

四《よっ》つとや　世《よ》のよし悪《あ》しはともかくも、誠《まこと》の道《みち》を踏《ふ》むがよい、踏《ふ》むがよい

五《いつ》つとや　生《い》くも死《し》ぬるも大君《おおきみ》の、勅《みこと》のままに随《したが》わん、なにそむくべき

六《むっ》つとや　無理《むり》なことではないかいな、生《い》きて死《し》ぬるを嫌《きら》う
とは、これ、嫌《きら》うとは

七《なな》つとや　なんでも死《し》ぬる程《ほど》なれば、たぶれ奴《やつ》ばら打倒《うちたお》せ、
これ、打倒《うちたお》せ

八《やっ》つとや　八咫《やた》の烏《からす》も皇《すめらぎ》の、御軍《みいくさ》の先《さき》をするじゃもの、
なに、おとるべき

九《ここの》つとや　今夜《こんや》も今《いま》も知《し》れぬ身《み》ぞ、早《はや》く功《いさお》をたてよかし、
これ、おくれるな

十《とお》とや　遠《とお》つ神代《かみよ》の国《くに》ぶりに、取《と》って返《かえ》せよ御楯武士《みたてぶし》、
これ、御楯武士《みたてぶし》

一　身分は低い武士《もののふ》でも、天皇の楯となる官軍だ。
二　富士山がたとえ崩れても、岩鉄のように固いわが心は砕けないぞ。
三　馬の口を取り直して、錦の御旗をひらめかせよう。
四　世の中が良くなっても悪くなっても、誠の道を歩め。
五　生きるも死ぬも天皇の言われるとおりに従おう。背いてはいけない。
六　無理からぬことではなかろうか、生きて死ぬのを嫌がるのは。
七　死ぬ気になって、世をたぶらかすようなやつらを打ち倒せ。
八　ヤタのカラス（神武天皇東征の先導をしたと伝えられるカラス）も官軍の先導をしているぞ。負けてなるものか。
九　今夜の命も明日の命もわからない身だ。早く功をあげよ。後れをとるな。
十　遠い神代の日本国を取り戻せ、御楯武士よ。

吉田松陰の松下村塾で高杉晋作とともに「双璧」と言われた久坂玄瑞は、塾のもっとも中心的な俊英でした。松陰は高杉晋作を大成させるために双璧《ライバル》にしたとも言われています。諸大名や公家はあてにならない、「**草莽の志士糾合義挙の外にはとても策これ無き**」という、土佐藩士の武市半平太《たけちはんぺいた》に宛てた久坂の言葉は、彼が覚悟を決め、仲間をつくっていくときの言葉です。本当に力を発揮するのは「草莽《そうもう》」（在野の者。多くは脱藩者）で、横断的な関係をこの「草莽」の力で築くことが、久坂らが目指した戦い方でした。

京都を追われた長州藩が京都奪回を目指した禁門の変。安政の大獄で刑死した「**先師**（松陰）**の志を墜さぬ様肝要なり**」と事あるごとに同志を鼓舞した久坂ですが、このときは「多勢に無勢で勝ち目がない」と京都進発に反対します。しかし、武装蜂起派が藩の大勢を占めると従軍し、最後には自害しています。

久坂が尊皇の思いを綴った数え歌「御楯武士」の第一番に「**卑き身なれど武士は、皇御軍《すめらみいくさ》の御楯じゃな、これ、御楯じゃな**」とあります。皇御軍（皇軍）とは「楯となって天皇を守る官軍」ですが、幕府の存続に拘泥《こうでい》したのでは日本が滅びてしまう。本当に守るべきは日本であり、その象徴が天皇だったのです。

58

横井小楠《よこいしょうなん》　必死の地に入れば、心必ず決す

学問《がくもん》を致《いた》すに、知《し》ると合点《がてん》との異《こと》なる処《ところ》、ござ候《そうろう》。

――学問において、ただ知るのと腑に落ちるのとは違うことを肝に銘ずべきである。

よこい・しょうなん　１８０９～６９年。肥後藩士の子。藩で用いられず、招かれて越前藩を指導。『国是三論』を著す。江戸で幕政改革に関与、公武合体運動を推進するも失脚。士籍を剥奪され、熊本に蟄居。維新後は新政府の参与となるが暗殺された。享年六十一。

59

およそ人《ひと》は貴《き》賤《せん》賢《けん》愚《ぐ》によらず、一《いっ》心《しん》決《けつ》定《じょう》して動《うご》かざるより強《つよ》きはなし。すなわち志《こころざし》の奪《うば》うべからざるものなり。人《ひと》必《ひっ》死《し》の地《ち》に入《い》れば、心《こころ》必《かなら》ず決《けっ》す。

――人は貴賤賢愚にかかわらず、心に固く決めて動じないほど強いものはない。志は奪うことができないからである。人は必死の状況に出合えば、必ず心が定まる。

60

一通《いっつう》の書《しょ》を読得《よみえ》たる後《のち》は、書《しょ》を抛《なげうっ》て専己《もっぱらおのれ》に思《おも》うべく候《そうろう》。思《おも》うて得《え》ざるときに、これを古《こ》人《じん》に求《もと》め書《しょ》を開《ひらき》てみるべし。心《こころ》の誠《まこと》より物理《ぶつり》を求《もと》むる処切《ところせつ》なれば、必《かなら》ず中夜《ちゅうや》にも起《たち》て書《しょ》を閲《けみ》するほどになるものに候《そうろう》。

――一冊の書物を読んだら、本をなげうってもっぱら思い、思って行きづまったときに古人の書物を開いてみる。理《ことわり》を求める心が切実であれば、夜中でも起きて書物を開くようになる。

秀才で知られた横井小楠ですが、その思想は熊本藩では用いられず、越前藩に招かれて藩政を指導します。そのときの経験をもとに『国是三論《こくぜさんろん》』を著し、武士は商業活動をおこなう商人のようなものであり、領民のために公僕《こうぼく》的役割を果たす存在でなければならないと、従来の武士像を大胆に否定しています。「行動タイプ」と「思索タイプ」に分けると、横井は後者で、しかも非常に過激な人でした。勝海舟は「**今までに天下で恐ろしいものを二人見た。それは横井小楠と西郷南洲**（隆盛）**とだ**」と言っています。横井の思想を西郷が実行に移したらこれほど恐ろしいものはないというのです。『国是三論』（開国通商、富国強兵、士道）に触発されて坂本龍馬が示した「船中八策」（後藤象二郎がまとめ役を果たした）が、大政奉還、五箇条の御誓文にも活かされます。

横井は日本をどうするかの喫緊《きっきん》の課題を背負って、肚《はら》を決めて勉強しました。「**理を求める心が切実であれば、夜中でも起きて書物を開くようになる**」にその必死の姿が彷彿《ほうふつ》します。維新後も、不平等条約改正において、「**人 必死の地に入れば、心必ず決す**」と、いったん破棄すれば国際世論が動くのだから、死ぬ気をもって臨めば「必ず決す」と揺らぐことがありませんでした。

61

大村益次郎《おおむらますじろう》　小さな考えでは世に立てぬ

常識《じょうしき》を発達《はったつ》させよ。見聞《けんぶん》を広《ひろ》くしなければならぬ。小《ちい》さな考《かんが》えでは世《よ》に立《た》てぬ。

——常識を養え。見聞を広めずして、小さな考えでは世の中の役に立たない。

おおむら・ますじろう　１８２５～６９年。周防国の医師の家に生まれる。緒方洪庵の適塾に学び、講武所教授などとして幕府に出仕。長州藩から召還され兵学者雇となる。長州戦争、戊辰戦争で幕府軍と戦う。日本陸軍の祖として藩兵解隊などを建白したが、不平士族に襲われ、それがもとで死去。享年四十五。

62

なるたけ兵士《へいし》を傷《きず》つけず、兵器《へいき》を捨《す》てざるがよく戦《たたか》うものにして、徒《いたず》らに軍《ぐん》覆《くつがえ》って身《み》もまた死《し》するは最《もっと》も拙《せつ》なるものなり。

――なるべく兵士の死傷を少なくし、兵器を失わずに戦うのがなによりも大切で、いたずらに軍を大敗させ、犠牲者を多くするのは最も稚拙な戦いである。

63

戦場《せんじょう》に出《で》ても、決《けっ》して無闇《むやみ》に鉄砲玉《てっぽうだま》が当《あた》るものではない、死《し》ぬも生《い》きるも、その場合《ばあい》の運命《うんめい》である。

――戦場で鉄砲玉が当たるとはかぎらない。生死はその場その場の運命である。

幕府軍による第二次長州征伐に抗して長州藩が勝利を収めたことは歴史的転換と言っていい出来事でした。この勝利に貢献したのが大村益次郎です。「**戦場に出ても、決して無闇に鉄砲玉が当るものではない、死ぬも生きるも、その場合の運命である**」と大村は言っています。

これは運命論で片づけようとしているわけではありません。銃火によって相手を牽制《けんせい》したうえで、姿勢を低くして遮蔽物《しゃへいぶつ》を利用して相手に近づけば、標的を定めにくくなり、簡単には銃弾に当たらない、と合理的に説いているのです。**「常識を発達させよ。見聞を広くしなければならぬ。小さな考えでは世に立てぬ」**の言葉どおり、大村は西洋の軍事学を学んでこれを採り入れ、実践に用いた人です。

軍事スペシャリストだった大村には「どんなにすぐれた指揮官でも敗戦することはある。そのときに大事なのは、将兵の命を第一に考え、軍を大敗させず、兵器を失わず、死者を少なくする者こそすぐれた指揮官である」という考えが基本にありました。

大村は事実上の日本陸軍の創始者とも言われますが、その後の陸軍が「精神論」に傾いていったことを知ったら、どんなふうに思ったことでしょうか。

やみくもに刀を抜いて「一人一殺」というイメージは本来の志士ではありません。大村は、ちゃんと勉強しろ、アンテナを張れ、常識を発達させよと言っています。狭い考えによって玉砕覚悟で突進するのとは対極にあります。

64

小松帯刀《こまつたてわき》　玄関から壊して掛からなければ御一新は出来ませぬ

玄関《げんかん》から壊《こわ》して掛《か》からなければ本当《ほんとう》の御一新《ごいっしん》は出来《でき》ませぬ。

——玄関（藩）から壊していかなければ本当の御一新はできない。

こまつ・たてわき　1835～70年。薩摩藩の領主の家に生まれる。島津久光の側近となり、藩政改革に取り組む。家老として西郷隆盛、大久保利通と藩政を指導。西郷と木戸孝允を京の藩邸に迎え薩長同盟を締結。討幕の密勅を受け大政奉還の実現を進言。維新後、総裁局顧問となるも病没。享年三十六。

維新後三年にして三十六歳で病没した小松帯刀は、その才能・器の大きさから明治政府を担って立つと思われていただけに、その死が惜しまれました。

小松は「熱誠の人」です。薩摩藩の領主の子に生まれ、島津久光に才能を見いだされて藩政改革に取り組み、薩摩と長州が手を結ぶ「薩長同盟」に果たした働きには大きなものがありました。大政奉還にも参画します。「歴史の転換点」において筋を間違えずに動いた「見通しのよさ」が小松の真骨頂です。

前頁の言葉は、「病気で帰藩すると聞くが、どうか帰藩せずに国政に尽力してほしい」との手紙に応えた言葉です。みなが国体・国政云々《うんぬん》と口にするなか、小松は「**玄関**（**藩**）**から壊していかなければ本当の御一新はできない**」と、藩政の改革なくして国体の一新はあり得ないと、冷静に見通していたのです。

薩摩藩にあって大久保利通に請われて下級藩士の勤皇グループ「精忠組《せいちゅうぐみ》」を指導し、西郷隆盛らを下級から引き上げるなど能力本位の人事を貫き、その一方で、逃亡生活を送る坂本龍馬を自分の別荘にかくまうなど人間味にあふれる人でもありました。「先を見通す力」と「バランス感覚」――これが、今こそ彼の生き方から私たちが学ぶべきことです。

第2章

幕末に奮闘した志士の言葉

橋本左内《はしもとさない》 ① 人間自ら適用の士有り

65

急流中底《きゅうりゅうちゅうてい》の柱《はしら》 即《すなわ》ち是《これ》大丈夫《ますらお》の心《こころ》

急流中底之柱
即是大丈夫之心

——激流にも流されない杭のように、激動の世にあっても揺らぐことのない信念や態度を示してこそ立派な人間である。

はしもと・さない　1834〜59年。福井藩の藩医の長男。漢方医学を学んだのち緒方洪庵の適塾に入る。抜擢されて書院番になり、藩主松平慶永のもと教育改革に取り組み、条約問題・将軍後継で尊攘派公卿を説いてまわる。安政の大獄で謹慎となり、翌年斬首となる。享年二十六。

66

人間《じんかん》自《おのずか》ら適用《てきよう》の士《し》有《あ》り 天下《てんか》何《なん》ぞ為《な》すべきの時《とき》無《な》からん

——この世には、一見非才非力のように思えても、きっとどこかに最適の任務がある。男子たるもの、天下に活躍の機会はあるのだから、活眼があれば必ずその機会を見いだせる。

橋本左内が少年時代に愛用していた書箱の蓋《ふた》には中国の古典『書経《しょきょう》』の語句から着想した「急流中底之柱　即是大丈夫之心」という漢文が記されています（前頁の「**急流中底の柱　即ち是大丈夫の心**」はその読み下し文）。「激流にも流されない杭のように、激動の世にあっても揺らぐことのない信念や態度を示してこそ立派な人間である」と、その志を書いています。

「急流中底の柱」とは自分の中に「中心」を持てということです。今の社会は生活や職業が不安定になり、人生がデザインしにくくなっています。そんなときだからこそ、心の状態を保つためにも、激流にも揺らぐことのない柱を持つことが必要だと思います。

5頁でも触れたように、正社員で年功序列が当たり前だったころには、いつまでに結婚して、子どもを何人もうけて、家をいつ購入してというぐあいに人生プランを立てることができました。ところが、非正規雇用が増え、希望しない仕事に就いている人も多くいて、人生の見通しが立てにくくなっています。

左内は「**人間自ら適用の士有り　天下何ぞ為すべきの時無からん**」と言っています。活躍の機会が与えられないからといって、自分を磨くことを怠ったのでは、その機会がやってきたときに登用されることはない。だから、自分がいまだ評価されていないときに、求められているだろうと思われるところを磨いておきなさいということです。

自分に足りないものを客観視することの重要さを知らされる言葉です。

67

橋本左内 ② 志なき者は、魂なき虫に同じ

気《き》とは、人《ひと》に負《ま》けぬ心立《こころだ》てありて、恥辱《ちじょく》のことを無念《むねん》に思《おも》う処《ところ》より起《おこ》る意気《いき》張《ば》りの事《こと》なり。

――気とは人に負けまいと思う心、すなわち負けじ魂と、恥辱を知ってそれを悔しいと思う気持ちのことである。

68

志《こころざし》なき者《もの》は、魂《たましい》なき虫《むし》に同《おな》じ。何時《いつ》まで立《た》ち候《そうらい》ても、丈《たけ》ののぶる事《こと》なし。

――志の立っていない者は、魂のない虫けらと同じで、いつまでたっても少しの向上もない。

67・68番の言葉は、『啓発録』という橋本左内自身の著書にある言葉です。左内は福井藩の藩医を務める家に生まれ、数え年十五歳でこの本を著すほどの才能の持ち主でした。そこには「稚心を去る」「気を振るう」「志を立てる」「学に勉《つと》める」「交友を択《えら》ぶ」の五訓が書かれています。

この『啓発録』のなかで触れられている「気」とは、ばかにされたとか、プライドや誇りを傷つけられたようなときにその恥辱を無念に思い、負けてなるものかと「意気を張る事」だと左内は言っています。今の人は、足腰の力もそうですが、気張る力（心の踏ん張り力）も弱くなっています。

大学入試でも、多様な学生を受け入れるために、私立大学の場合、一般入試が半分を切って、自己推薦入試などで入学してくる学生が増えています。たとえば外国を旅してきたことが評価されるのもいいのですが、よーいドンで競争して磨かれる「意気張り」があることも忘れてはいけないと思います。

左内は「志」については、「**志なき者は、魂なき虫に同じ**」（志があるかと訊《き》かれて思いつかない人は「虫」に等しい）と厳しい言葉を発しています。そして「**志が立って目標が定まると、それからは一日一日努力を重ねて成長をつづける**」「**志を立てるうえで注意すべきことは、目標に達するまでの道筋を多くしないことである**」とも言っています。福井県では、多くの中学校で二年生の冬に「立志式」を実施しています。橋本左内が『啓発録』を記した年齢に重ね合わせ、自ら志を立てる、すばらしい式です。

69

勝《かつ》海《かい》舟《しゅう》①　世間は活きて居る。理窟は死んで居る

世《せ》間《けん》は活《い》きて居《い》る。理《り》窟《くつ》は死《し》んで居《い》る。

――世の中は時々刻々変遷きわまりないから、小理屈をもって対処しようとしてもとても及ばない。

かつ・かいしゅう　1823〜99年。江戸の旗本・勝小吉の子。私塾を開いて蘭学を教え、「海防意見書」を幕府に提出。その後、長崎海軍伝習所に学ぶ。咸臨丸艦長として渡米。神戸に海軍操練所を設立し、坂本龍馬らの人材を育てる。戊辰戦争で江戸城無血開城を実現した。享年七十七。

70

おれなどは、理窟《りくつ》以上《いじょう》のいわゆる呼吸《こきゅう》というものでやるから、容易《ようい》に失敗《しっぱい》もせぬが、万一《まんいち》そういう逆境《ぎゃっきょう》にでも陥《おちい》った場合《ばあい》には、じっと騒《さわ》がずに寝《ね》ころんで居《い》て、また後《のち》の機会《きかい》が来《く》るのを待《ま》って居《い》る。そしてその機会《きかい》が来たならば、透《すか》さずそれを執《と》まえて、事《こと》に応《おう》じ物《もの》に接《せっ》してこれを活用《かつよう》するのだ。

（現代語訳省略）

私は勝海舟の談話をまとめた『氷川清話』（角川文庫）を、中学生のときに毎日持ち歩いて、心を惹かれたところに線を引き、「偉い人がいたものだ」としきりに感心していました。

海舟のどこが偉いか。それは、幕末維新の激動にも呑み込まれない、ものごとを見通す眼の鋭さ、確かさです。そんな海舟の資質がよく表れているのが「**世間は活きて居る。理窟は死んで居る**」です。世の中のことは、時々刻々変化し、機会が来たかと思えばあっというまに去ってしまう。こうした世で処するには、小理屈（才気）で乗り切ろうとしても無理である。たとえ小理屈があっても、肝腎の胆力が欠けていてはだめで、天下のことは口や筆ではあまりうまく運ばない。だから胆力をもって大局を見失わないようにし、大きな政策を立て、あとはやり抜くだけだというのが海舟の生き方でした。

海舟は若いころに、坐禅と剣術で「勇気と胆力」を養っています。その後の人生を見ると、若いころの鍛錬が決定的な場面での意思決定の揺るぎなさと的確さに通じています。今の子どもにとっても、武道に限らず、たとえば部活動を通して「精神の幹」を養い、自己形成をする時間は一生の宝になります。

71

勝海舟 ② 方針々々というが、方針を定めてどうするのだ

危難《きなん》に際会《さいかい》して逃《のが》れられぬ場合《ばあい》と見《み》たら、まず身命《しんめい》を捨《す》ててかかった。しかして不思《ふし》議《ぎ》にも一度《いちど》も死《し》ななかった。ここに精神上《せいしんじょう》の一大作用《いちだいさよう》が存在《そんざい》するのだ。

――危機に遭遇して、逃れられないとわかったら、身命を捨ててかかったが、不思議なことに死ななかった。これは大いなる精神の働き（勇気と胆力）のたまものだ。

72

人《ひと》はみな、
さまざまにその長《ちょう》ずるところ、
信《しん》ずるところを行《おこな》えばよいのサ。
社会《しゃかい》は大《おお》きいから、あらゆるものを
包容《ほうよう》して毫《ごう》も不都合《ふつごう》はない。

――人はそれぞれ、自分がすぐれているところ、信じていることをおこなえばいい。社会という器は大きいから、あらゆるものを包み込んで少しも不都合はない。

73

人《ひと》はよく方針《ほうしん》々々《ほうしん》というが、方針《ほうしん》を定《さだ》めてどうするのだ。およそ天下《てんか》の事《こと》は、あらかじめ測《はか》り知《し》ることの出来《でき》ないものだ。

——だれもが、まず方針を立てなければと言うが、方針を定めたところでどうなるものでもない。世の中のことはあらかじめ知ることができないのだから。

勝海舟は幕末維新の激動を経て七十七歳まで生きました。福沢諭吉は明治二十五（一八九二）年、幕臣としての海舟の身の処し方を批判して「瘠我慢《やせがまん》の説」を突きつけます。敵に対して勝算がない場合でも力の限り抵抗するのが瘦我慢。にもかかわらず、江戸城を明け渡し、徳川家を窮乏に追いやり、自分は参議や枢密顧問官を歴任し伯爵に叙せられたことへの批判です。

しかし海舟は、「**その人がどれだけの人かは、人生に日が当たっていないときにどのように過ごしているかではかれる。日が当たっているときは何をやってもうまくいく**」「**人の一生には『焔《ほのお》の時』と『灰の時』があり、『灰の時』は何をやってもうまくいかない。そんなときには何もやらないのが一番いい。ところが小心者にかぎって何かをやらかして失敗する**」と喝破《かっぱ》して、自分の生き方に恥じるところはないと、いっこうに動じませんでした。

激動の時代にたびたび危機に遭遇するも「**精神上の一大作用**」（勇気と胆力）で切り抜けた海舟は、人はよく方針を定めなければだめだと言うが、天下のことはあらかじめ予測などできないから、方針を定めたところで意味がない。それよりは、社会は包容力があるから人それぞれ信じるところをおこなえばよい。本分を守ってやり通すのが肝腎で、小細工はだめだ、と肚《はら》を据えることを強調しています。大局観のない人というのは、大きな判断と小さい判断の価値を混同して見誤りがちです。海舟の大局観には大いに学ぶべきところがあります。

74

勝海舟 ③　みンな、敵がいい。敵が無いと、事が出来ぬ

あれの、これのと、心配《しんぱい》ばかりして居《い》ては、自然《しぜん》と気《き》が餒《う》え神《しん》（心）が疲《つか》れて、とても電光石火《でんこうせっか》に起《おこ》り来《きた》る事《じ》物《ぶつ》の応接《おうせつ》は出来《でき》ない。

――あれこれ心配ばかりしていたら、おのずと気力がなえ、神経を疲れさせるばかりで、いざというときに的確に対処できない。

75

ナニ、誰《だれ》を味方《みかた》にしようなどというから、間違《まちが》うのだ。みンな、敵《てき》がいい。敵《てき》が無《な》いと、事《こと》が出来《でき》ぬ。

——だれかれを味方につけようなどとするから間違うのだ。みんな敵がいい。敵がいてはじめて事が運べる。

勝海舟の言葉には今に響くものがたくさんあります。前頁の「**あれこれ心配ばかりしていると、それゆえ気力がなえ、神経を疲れさせてしまい、いざというときに的確に対処できない**」というのもそうです。心配ばかりしていると、いざというときにぱっと動きにくい。企業などでも、議論に終始して自縄自縛に陥り、実行がともなわずに商機を逸してしまうというのはよくあることです。どうしようかこうしようかと思案していると、いけない。むずかしかろうが、やさしかろうが、そんなことは考えずに、「無我《むが》の真境《しんきょう》」に入って大胆に打ちかかっていくのだ。もし成功しなければ、成功するところまで働きつづければよい、と言っています。

何も用意せず身構えもしないで、ひとたび事あるときにすぱっと動くには、肚《はら》を据えて「待つ」胆力、肝っ玉の力が必要になります。海舟の肚の大きさは、「**男たるものは決しておれが真似をばしないほうがいい**」と言ってはばからない父親の小吉《こきち》譲りです（『夢酔独言《むすいどくげん》』）。海舟も「**みンな、敵がいい。敵が無いと、事が出来ぬ**」と言ってはばかりません。トラブルに直面してもけっしてパニックにならない鍛錬をしていた海舟は、やりたいようにできる状況というのは自分の仕事ではなく、複雑でボトルネックのような隘路《あいろ》を突破するのが自分の本分だと思っていた。海舟は、敵（人や状況など）が現れたときに、どう対処してやろうかと策を練るのが楽しくてしかたなかったのではないでしょうか。

山岡鉄舟《やまおかてっしゅう》　力の及ぶ限りは、善き方につくすべく候

76

精神満腹《せいしんまんぷく》

——自分に恥じないように精神を充実させて生きよ。

やまおか・てっしゅう　1836~88年。江戸幕府の旗本の子。九歳から剣術を修業し、槍術の師・山岡家を継ぐ。徳川慶喜警護のための精鋭隊の頭に任命される。勝海舟・西郷隆盛の会談を実現、江戸城無血開城の立役者の一人。維新後は茨城県参事、明治天皇侍従に就く。享年五十三。

77

晴《は》れてよし曇《くも》りてもよし不二《ふじ》（富士）の山《やま》
もとの姿《すがた》は変《か》わらざりけり

――晴れていようが曇っていようが富士山は不動なように、どんな境遇にあっても本来あるべき自分をそのままに貫けばよい。

78

「修身二十則《しゅうしんにじっそく》」

一　うそいうべからず候《そうろう》
二　君《くん》の御恩《ごおん》は忘《わす》るべからず候《そうろう》
三　父母《ふぼ》の御恩《ごおん》は忘《わす》るべからず候《そうろう》
四　師《し》の御恩《ごおん》は忘《わす》るべからず候《そうろう》

五　人《ひと》の御恩《ごおん》は忘《わす》るべからず候《そうろう》
六　神仏並《しんぶつなら》びに長者《ちょうじゃ》を粗末《そまつ》にすべからず候《そうろう》
七　幼者《ようじゃ》をあなどるべからず候《そうろう》
八　己《おの》れに心《こころ》よからざることは、他人《ひと》に求《もと》むべからず候《そうろう》
九　腹《はら》を立《た》つるは、道《みち》にあらず候《そうろう》
十　何事《なにごと》も不幸《ふこう》を喜《よろこ》ぶべからず候《そうろう》
十一　力《ちから》の及《およ》ぶ限《かぎ》りは、善《よ》き方《ほう》につくすべく候《そうろう》
十二　他《た》をかえりみずして、自分《じぶん》の好《す》き事《こと》ばかりすべからず候《そうろう》
十三　食《しょく》するたびに、稼穡《かしょく》（農業）の艱難《かんなん》を思《おも》うべし、すべて草木土石《そうもくどせき》にても、粗末《そまつ》にすべからず候《そうろう》
十四　殊更《ことさら》に着物《きもの》をかざり、或《あるい》はうわべをつくろうものは、心《こころ》ににごりあるものと心得《こころえ》べく候《そうろう》
十五　礼儀《れいぎ》を乱《みだ》るべからず候《そうろう》

十六　何時何人《なんどきなんぴと》に接《せっ》するも、客人《きゃくじん》に接《せっ》する様《よう》に心得《こころえ》べく候《そうろう》
十七　己《おの》れの知《し》らざる事《こと》は、何人《なんぴと》にてもならうべく候《そうろう》
十八　名利《みょうり》の為《ため》に、学問技芸《がくもんぎげい》すべからず候《そうろう》
十九　人《ひと》にはすべて能不能《のうふのう》あり、いちがいに人《ひと》をすて、或《あるい》はわらうべからず候《そうろう》
二十　己《おの》れの善行《ぜんこう》をほこりがおに人《ひと》に知《し》らしむべからず、すべて我《わ》が心《こころ》に恥《は》じざるに努《つと》むべく候《そうろう》

（現代語訳省略）

山岡鉄舟は剣術の修業を通して人格形成を目指した「剣禅一如《けんぜんいちにょ》」の人でした。鉄砲ではなくなぜ剣術だったのか。鉄砲でも正確に当てるために集中力が磨かれますが、剣は肚《はら》を決めないとまっすぐ振りおろせない。相手とつばぜり合いになったとき、身心の中心が崩れたほうが負ける。剣術は中心から出た線、正中線の奪い合いでもあるのです。ですから、剣の修業をすることは、たんに

殺傷する技術ではなく、身心の中心を鍛える（心胆《しんたん》を錬磨《れんま》する）ことになって、腰肚《こしはら》文化の柱の一つになっています。宮本武蔵も坂本龍馬も勝海舟もみな剣術を修めています。剣の伝統の奥深さは人間づくりに大きな働きをしています。

鉄舟は清水次郎長に命じて富士山麓の開墾などをさせています。「一番偉い人は山岡鉄舟」と尊敬していた次郎長は、鉄舟から「**精神満腹**」と揮毫《きごう》した「度胸免状」を与えられています。「精神満腹」は、義に富み、難を避けず、身を殺して仁をなす、威武《いぶ》に屈せずなど、孟子が言う「浩然《こうぜん》の気」に通じるものがあります。

「一歩一歩いつか昇らん富士の山」——あの富士山も一歩一歩を積み重ねるしか頂上をきわめることができないように、努力を怠るな。晴れでも曇りでも富士山は不動なように、どんな境遇でも本来あるべき自分をそのままに貫けばよい、鉄舟はそんなふうに言っています。

「**うそいうべからず**」ではじまる「修身二十則」は、鉄舟が十五歳のときに自分で考えた自己成長プランで、現代語訳がいらないほどすーっと入ってきます。十五歳にして剣術を通して「精神の柱」が確立していたことがうかがえます。

79

河井継之助《かわいつぐのすけ》　人間はどんなに偉くとも、血と涙が無くては駄目だ

人間《にんげん》というものは、棺桶《かんおけ》の中《なか》へ入《い》れられて、上《うえ》から蓋《ふた》をされ、釘《くぎ》を打《う》たれ、土《つち》の中《なか》へ埋《う》められて、それからの心《こころ》でなければ何《なん》の役《やく》にも立《た》たぬ。

――人間というものは棺桶に入れられて、土に埋葬された気（一度死んだ気）になってこそ世の中の役に立てる。

かわい・つぐのすけ（「つぎのすけ」とも）　１８２７〜６８年。長岡城下に生まれる。長岡藩の藩政改革に尽力し、軍事力を強化し、家老上席となる。戊辰戦争では武装中立を掲げるも、新政府軍に容れられず交戦。重傷を負い、会津に逃れる途中で死去。享年四十二。

80

人間《にんげん》はどんなに偉《えら》くとも、人情《にんじょう》に通《つう》ぜず、血《ち》と涙《なみだ》が無《な》くては駄目《だめ》だ。

（現代語訳省略）

近ごろ、棺桶の中に入る体験イベントがはやっています。棺桶に入っていったん蓋《ふた》が閉じられると、ある種の諦観《ていかん》というか落ち着きが得られるのだそうです。「死んだ気になってやれ」などと言いますが、棺桶体験イベントはそのイメージトレーニングです。テレビ番組でご一緒させていただいたビートたけし（北野武）さんは、自分はバイク事故で一度死んだようなものだから、あとの人生はご褒美みたいなもの、と言っています。ところが、そのおまけの人生のほうが、以前にも増して活躍し、存在感を増しています。

人生というのは、守りに入ると疲れてしまうので、もらった命なのだからと思うことで、こだわりや心配をせずに大胆にやってやろうというふうに吹っ切ることができます。まさに河井の言う「**土の中へ埋められて、それからの心でなければ何の役にも立たぬ**」です。

志士というと深刻な雰囲気を想像しがちですが、窮地をくぐり抜けてきただけに河井にもどこか明るさすら感じます。松陰なども意外なほど明るい人です。河井は「**人間はどんなに偉くとも、人情に通ぜず、血と涙が無くては駄目だ**」とも説いています。「『大学』『論語』『詩経』『書経』、いずれも処世の教訓になる立派なことが書いてあるが、それより浄瑠璃本でも読むほうが、ためになる。浄瑠璃は世態人情の機微《きび》を穿《うが》っているから、それを読んで少しは人間の心を知るがよかろう」と、頭でっかちにならないようにと戒めています。

入江九一《いりえくいち》　先生の志を継ぐ者は誰れぞや

81

先生《せんせい》かつて曰《いわ》く、「吾《わ》れ酒色《しゅしょく》を喜《この》まず、唯《た》だ朋友《ほうゆう》を以《もっ》て生《いのち》と為《な》す」と。この言《げん》、実《じつ》に虚語《きょご》にあらざるなり。吾《わ》れ聞《き》く、先生《せんせい》去《さ》るに臨《のぞ》み、（中略）先生《せんせい》の志《こころざし》を継《つ》ぐ者《もの》は諸君《しょくん》と吾《わ》が輩《はい》とにあらずして誰《だ》れぞや。（中略）宜《よろ》しく深《ふか》く先生《せんせい》の意《い》何如《いかん》を思《おも》うべきのみ。

——松陰先生は「同志がいてこその自分の命である」とおっしゃった。今その志を継ぐのは諸君と私以外にいないではないか。先生のおっしゃったことをいま一度心に刻もう。

いりえ・くいち　1837〜64年。長州藩士の子。松下村塾に入り、松陰が孤立したのちも志を継いで尊皇攘夷活動を展開。奇兵隊設立に加わり、禁門の変で負傷して自刃。享年二十八。

入江九一は高杉晋作、久坂玄瑞、吉田稔麿とともに「松門《しょうもん》（松下村塾）の四天王」と呼ばれ、師の吉田松陰は「**われのはなはだ杉蔵**（九一）**に貴ぶ所のものは、その憂いの切なる、策の要なる、われの及ばざるなり**」と高く評価しています。

松陰は自分より七歳年下の入江を、だれにも増して情熱があると高く評価していて、二人はさかんに時勢を論じてやみませんでした。

松陰は、幕府が勅許《ちょっきょ》を得ずに日米修好通商条約を締結したことから倒幕を決意し、老中の間部詮勝《まなべあきかつ》の暗殺を計画します。ところが、このとき高杉、久坂、吉田稔麿らが猛反対したのに対して、入江は暗殺計画に加わったことから、「君だけは国のために死ねる男児である」と松陰に言わしめます。

その後、入江は、松陰が安政の大獄で処刑されると、師の遺志を継いで間部暗殺計画を実行に移そうとして幕府に察知され、投獄されてしまいます。

81番の言葉は松陰が江戸へ連行されるときの入江の言葉です。

松陰先生は「**同志がいてこその自分の命である**」とおっしゃった。今その志を継ぐのは諸君と私以外にいないではないか。先生のおっしゃったことをいま一度心に刻もう、と入江は言っています。

松陰は「**妄《みだ》りに人の師となるべからず、また妄りに人を師とすべからず。必ず真に教うべきことありて師となり、真に学ぶべきことありて師とすべし**」（本当に教えるべきことがあってはじめて師となるべきであり、本当に学ぶべきことがあってはじめて師と仰ぐべきである）と言っています。松陰と入江の師弟関係はその言葉どおりのものでした。

82

吉田《よしだ》稔麿《としまろ》　麓の道は多けれど　同じ高根の月をこそ見れ

わけのぼる麓《ふもと》の道《みち》は多《おお》けれど　同《おな》じ高根《たかね》の月《つき》をこそ見《み》れ

——事をなしとげる道はいくつもあるが、目指すところは一つである。

よしだ・としまろ　１８４１～６４年。長州藩士。久坂玄瑞、高杉晋作、入江九一とともに松門の四天王と言われる。高杉晋作の奇兵隊に参加。京都で活動中、池田屋で新撰組に急襲され、討ち死にする（死亡の状況には諸説あり）。享年二十四。

吉田稔麿は松下村塾の同門生でのちに明治の元勲になった品川弥二郎が「稔麿が生きていたら総理大臣になっただろう」と評するほどの逸材でした。

稔麿は、吉田松陰に下獄の命が下されると、親族を守るために師のもとを離れ、翌年、松陰が江戸に護送される際には隣家の塀の穴から見送ったという逸話があります。稔麿は両親への孝行をとるか、師への恩義を貫くか悩んだあげく、まずは両親を安心させ、さらには藩の信頼を得るために、時勢の推移をしばし待つことに決したのです。自分や親族の安全を優先したととられかねませんが、稔麿には揺るぎない信念がありました。それが久坂玄瑞に宛てた書簡にある「**わけのぼる麓の道は多けれど　同じ高根の月をこそ見れ**」という歌にも表れています。目指すところは一つでも、それを達成する道はいくつもある。それぞれに違う道を歩んでもいい。自分はいっとき師のもとを離れるが、それは目指すところを放棄したわけではないという信念です。

政治的な運動は凝り固まったセクト主義に陥り、自由にものが言えなくなる集団になりがちですが、稔麿は、方法ややり方はそれぞれにあってかまわない、それを排除するようでは目的は達成できないという柔軟な考え方をとりました。

83

榎本武揚《えのもとたけあき》　五稜郭にありし時の苦心を思えば

顧《かえり》みて予《よ》が五稜郭《ごりょうかく》にありし時《とき》の苦心《くしん》を思《おも》えば、外務大臣《がいむだいじん》の職何《しょくなに》かあらん。

――振り返って五稜郭のときの苦労を思えば、外務大臣の仕事など、どれほどのものでもない。

えのもと・たけあき　1836〜1908年。昌平坂学問所、長崎海軍伝習所に学び、オランダに留学。帰国後、幕府の海軍副総裁に就任。新政府軍の江戸占領後、幕府艦隊を率いて箱館戦争を戦う。降伏ののち、二年半の禁固を経て釈放され、新政府で逓信大臣・外務大臣などを歴任。享年七十三。

榎本武揚と言えば、箱館五稜郭《ごりょうかく》で戦った人として記憶されています。昌平坂学問所で学び、官費留学生としてオランダで学んだエリートですが、けっしてひ弱なインテリではありませんでした。

榎本は戊辰《ぼしん》戦争で官軍に徹底抗戦したにもかかわらず新政府で出世します。そのために勝海舟とともに福沢諭吉の批判の矢面に立たされます（129頁参照）。北海道開拓使として樺太・千島交換条約締結の大仕事をやりとげ、外務大臣のときも、対ロシア関係などさまざまな難局に直面しますが、「五稜郭のときのことを思えば、これしきのことは……」と返したといいます。

五稜郭のときには死を覚悟し、妻にも二度と会えまいと言っていますが、危機や苦難を経験することで肚《はら》が決まるということがあります。ストレスに耐性を持つには、ストレスに慣れておくのが効果的です。戊辰戦争に身を投じたことで、榎本は変化への耐性を高めたのです。

「節《せつ》を曲げる」のを潔しとしないのは日本人の美徳ですが、時代が変われば能力を認められて貢献することもあります。「変節漢」と言われながら弁解せずに筋を通した榎本は、時代が変動する今、参考にすべき生き方だと思います。

84

大鳥圭介《おおとりけいすけ》　降伏をすると云うても、何の不思議もなければ恥もない

今《いま》降伏《こうふく》をすると云《い》うても薩摩《さつま》や長州《ちょうしゅう》に降伏《こうふく》するのではない。（中略）畏《おそ》れ多《おお》いが親《しん》たる陛下《へいか》に私共《わたしども》は兄弟喧嘩《だいげんか》をして居《い》まして相済《あいす》みませんでしたと御詫《おわ》びをするのじゃから、何《なん》の不思議《ふしぎ》もなければ恥《はじ》もない。（中略）まア急《いそ》ぐ事《こと》でもない今夜《こんや》は酒《さけ》でも飲《の》もう。

――いま降伏するといっても、薩摩や長州に降伏するのではない。（中略）畏れ多いことだが、親愛なる陛下に、薩摩・長州と兄弟喧嘩をいたしまして申し訳ありませんでしたとお詫びするのだから、なんの不思議も恥もない。（中略）急ぐことでもないから、今夜は酒でも飲もう。

おおとり・けいすけ　１８３３～１９１１年。播磨国赤穂藩の医師の子。適塾で蘭学を、江戸で兵学を修める。幕府軍に洋式の歩兵調練を導入する。戊辰戦争で新政府軍と戦い、その後、榎本武揚と合流し、箱館で降伏。明治政府で技術官僚や政治家として近代化に貢献する。享年七十九。

蘭学と兵学を修めた大鳥圭介は幕府軍に洋式の歩兵訓練を導入するなど、大きな貢献をしています。しかし、榎本武揚と合流して箱館の戦いで追いつめられます。その際、榎本らは玉砕の覚悟を決めますが、ひとり大鳥は「薩摩・長州とは兄弟喧嘩のようなもの。死ぬのはいつでもできるから、ここは降伏としゃれこもう」と言ってのけます。武士の美徳からすれば、討ち死にして志を全《まっと》うするのが常道です。しかし、大鳥はしぶとく生き抜く道を選びます。これは、要領がいいというよりは、懐《ふところ》が深いということなのだと思います。

　大鳥の生き方を見ると、武士のプライドを折ったからといって、自分を全否定することになるわけではないし、降伏して耐え忍べば、別の芽が出てくるかもしれない。めぐりめぐって自分のやりたいことができる時代になるかもしれない。そういう余裕というか、むやみに死に急がない生き方を好ましく思います。私は大鳥のような生き方を「徳俵《とくだわら》人生」と名づけています。相撲で土俵際まで追いつめられたとき、なんとか徳俵で体《たい》を残して、また土俵中央にいつのまにか戻っている。実際、大鳥は明治政府で技術官僚として産業の近代化に貢献しています。結果的に自分のプライドを活かすことになったわけです。

　正社員でなければ人生は終わり、この大学に進学できなかったらお先真っ暗、と自分を追いつめて「オール・オア・ナッシングの思考」に陥るというのはよくあるパターンですが、いったん引き下がってチャンス到来を待つという、粘りのある生き方を参考にしてみてはどうでしょうか。

85

天璋院篤姫《てんしょういんあつひめ》　地下にておいて何の面目もこれなき

私事《わたくしこと》、徳川家《とくがわけ》へ嫁《か》しつき候《そうろう》うえは、当家《とうけ》の土《つち》となり候《そうろう》は勿論《もちろん》、殊《こと》に温恭院《おんきょういん》（徳川家定）ましまさず候《そうら》えば、なおさら同人《どうにん》のため、当家《とうけ》安全《あんぜん》を祈《いの》り候《そうろう》ほか御座《ござ》なく、存《ぞん》命中当家万々一《めいちゅうとうけまんまんいち》の事出来候《ことしゅったいそうろう》ては、地下《ちか》において何《なん》の面《めん》目《もく》もこれなきと、日夜寝食《にちやしんしょく》も安《やす》んぜず悲歎《ひたん》いたしおり候《そうろう》、心中《しんちゅう》のほど御察《おさっ》し下《くだ》され、とにかくこのたびの事《こと》御取扱《おとりあつか》い下《くだ》され候《そうら》わば、私《わたくし》ども一命相《いちめいあい》すくい下《くだ》され候《そうろう》

——よりもなお重《おも》く、有難《ありがた》き事《こと》この上《うえ》の悦《よろこ》び御座《ござ》なく候《そうろう》。

——わたくしは徳川家に嫁いだ以上、当家の土となるのはもちろんのことですが、温恭院（徳川家定）様がすでに他界しているいまは、亡き夫に代わって当家の安泰を祈るばかりです。しかし、わたくしの存命中に当家にもしものことがあれば、あの世でまったく面目が立たず、そのことを思うと心配で日夜寝食も十分にとれずに悲嘆しております。この心中を察してこのたびの事に対処していただくならば、わたくしどもの命を救ってくださるよりもはるかにありがたく、このうえない悦びです。

てんしょういん・あつひめ　1836～83年。薩摩・今和泉領主の娘に生まれ、藩主島津斉彬の養女となる。十三代将軍徳川家定の正室となり、家定急逝後は十四代将軍家茂と和宮の補佐に努める。幕府崩壊後は徳川家救済に尽力した。享年四十八。

この一文は、篤姫が徳川家の存続を願って官軍隊長の西郷隆盛に送った手紙です。西郷率いる官軍が江戸総攻撃を決める直前に届けられたとのことです。

篤姫は薩摩藩主・島津斉彬の養女になり、やがて十三代将軍・徳川家定の正室になります。ところが、実家の薩摩藩が倒幕に傾き、敵対関係になってしまいます。そのとき、自分のアイデンティティをどこに置くか、ふつうは生まれ育ったところが強いのですが、篤姫は嫁いだ以上は徳川家に筋《すじ》を通したのです。

幕末のころの人たちは「筋を重んじる」「筋を通す」という非常に強い精神力を持っていました。篤姫も、いったん輿入《こしい》れした以上は徳川家側の人間だから、一命をかけてお頼みしたいと願ったのです。その誠実さは、自分第一の生き方ではなく、もっと大きなものです。篤姫の人気が高いのは、筋の通った精一杯の生き方が多くの人の共感を呼んだからだと思います。

所属している組織が自分には合わないと、不満を持ちつづける人がいます。そんなとき、「自分に与えられた場で筋を通してみよう」と覚悟を決めることで「人としての柱」を強める篤姫スタイルにはならうべきものがあります。覚悟が定まれば、見える景色も変わります。

86

和宮《かずのみや》　私一身は当家の存亡に従う心得なり

私《わたくし》一人《ひとり》安泰《あんたい》にては、亡夫《ぼうふ》への貞操《ていそう》も立《た》ち難《がた》ければ、私一身《わたくしいっしん》は当家《とうけ》の存亡《そんぼう》に従《したが》う心得《こころえ》なり。

――わたくし一人が安泰であったのでは、亡夫（徳川家茂）への操《みさお》が立ちませんので、徳川家の存亡に従いたいと決意しております。

かずのみや　1846～77年。仁孝天皇の第八皇女。公武合体政策のもと、十四代将軍家茂に降嫁する。家茂の死後も江戸城にとどまり、戊辰戦争の際には、新政府軍の攻撃回避と徳川家存続を嘆願した。のちに出家して静寛院宮と号した。病没。享年三十二。

仁孝《にんこう》天皇の皇女・和宮は六歳のときに有栖川宮熾仁《ありすがわのみやたるひと》親王との婚約が整いますが、十五歳のとき、幕府から朝廷に「将軍家茂へ和宮の降嫁《こうか》を請う」と執拗《しつよう》な申し出がありました。揺らぐ幕府体制を朝廷との縁組みで乗り越えようとした「公武合体《こうぶがったい》」です。ところが、十四代将軍家茂は慶応二（一八六六）年にわずか二十一歳で薨去《こうきょ》、四年の結婚生活で終わります。さらに慶応四年には鳥羽伏見の戦いで薩長軍と幕府軍が衝突するに至って、幕府は朝敵とされます。

家茂の死後も江戸城にとどまった和宮は、この年の二月、従兄弟で公家の橋本実梁《さねやな》に徳川家存続を訴える手紙を書きます。これはその手紙の一節です。

和宮は皇室から嫁に行ったので、徳川家になじむのに自尊心が邪魔したはずですが、篤姫と同様に、自分が今置かれているポジションを重んじ、日本のために血で血を洗うような戦いは避けたいと尽力した。現代でも、たとえば意に沿わない異動を命じられたとき、「なぜ自分が」と腐ることがあります。そんなときは「行った先のポジションで身を尽くす」と考えて新しい場所で自分を納得させることも大事です。そうでないと力が出せませんし、たとえ次の場所へ異動になっても、「お客さん」で終わって何も身につかないからです。

87

土方《ひじかた》歳三《としぞう》　吾れこの柵に在りて、退く者は斬らん

この機《き》失《しっ》すべからず。
士官隊《しかんたい》に令《れい》して速進《そくしん》せん。
然《しか》れども、敗兵《はいへい》は卒《にわ》かには用《もち》い難《がた》し。
吾《わ》れこの柵《さく》に在《あ》りて、退《しりぞ》く者《もの》は斬《き》らん。

——この機を逃してはならない。士官隊を速やかに進攻させよう。しかし、ここから逃げだそうとする兵は無用だ。退く者はこの柵において斬る。

ひじかた・としぞう　1835〜69年。武蔵国多摩郡の豪農の子。近藤勇らと浪士組に参加して京都にのぼり、新撰組副長を務める。鳥羽伏見の戦いで賊軍となり、江戸にもどり、会津を経て蝦夷に渡り箱館へ。新政府軍の攻撃で戦死。享年三十五。

幕末維新の志士と言うとき、新しい日本、明治国家をつくる方向性の人と、その流れに対抗した人とがいます。

後者の代表が新撰組の面々です。なかでも土方歳三は今でも人気があります。新撰組は隊長の近藤勇をはじめ隊士たちは郷士や農民あがりです。だからこそ武士として恥ずかしくない生き方をしよう、一歩でも武士に近づこう、武士として認められたい、と努めたのではないでしょうか。

譜代大名や親藩大名ですら徳川幕府から離反するなか、農民出身の面々が幕府のために最後の最後まで戦ったというのは歴史の皮肉です。

87番の言葉は、箱館戦争で敗色濃厚だった榎本軍の艦船「蟠龍《ばんりゅう》」の砲弾が新政府軍の「朝陽」に命中し、その光景を見た兵士らが歓声をあげたそのとき、土方がすかさず馬上から、敗走していた味方を大喝《だいかつ》したときのものです。

土方はこのあと敵の銃弾に倒れます。

易《やす》きに流れるのが人間の習い性、欲望を御《ぎょ》しがたいのが人間です。だからこそ、理想という「心の火」を燃やすことが必要なのかもしれません。

今の時代に理想など掲げてもしょうがないという人もいますが、愚直に理想を掲げて事をなしとげた人は大勢います。農薬に過剰反応する妻を案じて無農薬リンゴに挑んだ「奇蹟のリンゴ」の木村秋則さんもその一人です。

しかし、日本の温帯の湿潤な気候のもと無農薬でリンゴを育てるのは困難を極めました。苦労に苦労を重ねても数年のあいだは実がなることもなく、十年にわたって無収入の状態が続きましたが、それでも理想を追い求めて「心の火」を燃やしつづけ、あきらめることなく改良をつづけたところ、昭和六十一（一九八六）年にようやく花が咲き、結実するに至りました。

第3章

維新後の日本を主導した志士の言葉

江藤新平《えとうしんぺい》　人智は空腹の中より生ずるものなり

88

誤訳《ごやく》もまた妨《さまた》げず、唯《ただ》、速訳《そくやく》せよ。

——少々の誤訳は気にせず、それよりも迅速に訳すことに努めよ。

89

人智《じんち》は空腹《くうふく》の中《なか》より生《しょう》ずるものなり。

——人の知恵というものは、苦しいときにこそ生まれる。

えとう・しんぺい　1834〜74年。佐賀藩士。藩主鍋島直正のもとで王政復古に奔走。維新政府で四民平等を説き、民法草案を編纂。司法卿となり、三権分立を主張し、司法制度・警察制度の確立に尽力。征韓論問題で下野し、不平分子に担がれ佐賀の乱を起こすが敗れて斬首となる。享年四十一。

江藤新平の父親は佐賀藩の下級武士でしたが解職になり、そのため新平もその日の食事にも困る極貧生活を送っています。それでも、「**人智は空腹の中より生ずる**」——知恵は苦しいとき（文字どおり空腹だったわけですが）にこそ生まれると自分を叱咤して勉学に励んでいます。

江藤は維新後、新政府で司法権の独立、司法制度の整備に尽くします。司法制度を整備するにあたり、モデルとしたフランス民法の翻訳に取り組んでいます。『孫子』に「巧遅《こうち》は拙速《せっそく》に如《し》かず」（上手だが遅いよりも、下手でも速いほうがよい）とありますが、司法の大改革をスピード感をもっておこなうには、誤訳を恐れて手間取るより、多少の誤訳があってもいいからどんどん進めよと、事務方に発破《はっぱ》をかけたといいます。

私の速読のやり方は、頁を繰《く》ったときに大事か大事でないかを判断し、二割ぐらいをしっかり読むことによって八割の内容を把握するという方法です。新書一冊なら十分間ぐらいで人に内容を説明できるようになります。

その後、江藤は、不平士族に担《かつ》がれて戦った佐賀の乱に敗れ、皮肉なことに自分のつくった司法制度によって裁かれてしまいます。

90

大久保利通《おおくぼとしみち》　過ぎたるは及ばざるに如かず

孔子《こうし》は、過《す》ぎたるは猶《なお》及《およ》ばざるが如《ごと》し、と言《い》われたが、私《わたし》は、過《す》ぎたるは及《およ》ばざるに如《し》かず、と言《い》いたい。

（中略）行《や》ってしまった後《あと》はもう取《と》り返《かえ》

しがつかぬけれども、未《いま》だ行《や》らぬ内《うち》は熟慮《じゅくりょ》してやるべき余裕《よゆう》がある。

——孔子は「やりすぎるのは、足りないのと同じくらいよくない」と言ったが、私は「やりすぎるのは足りないよりももっと悪い」と言いたい。（中略）やってしまったら取り返しがつかないが、まだやらないうちは熟慮の余地があるからである。

おおくぼ・としみち　１８３０～７８年。薩摩藩士。木戸・西郷とともに「維新の三傑」の一人。幕末には公武合体から薩長同盟を経て倒幕運動に奔走。廃藩置県など維新政府の基礎を固め、征韓派退陣後は政権を掌握するも、不平士族に暗殺される。享年四十九。

91

聖人《せいじん》の言《げん》といえども時勢《じせい》に依《よ》っては全部応用《ぜんぶおうよう》することはできない、時勢《じせい》に応《おう》じて活用《かつよう》しなければならぬ。

――聖人（孔子）の言葉であっても、時勢によってはすべて応用することはできない。時勢に応じて活用しなければならない。

大久保利通は西郷隆盛、木戸孝允とともに「維新の三傑」と称されながら、権力を一手に握った独裁的な人物として、いま一つ人気がありません。しかし、私利私欲に走ることは一切ない人だったという証言もありますし、近代国家建設の柱でした。新政府で大久保の片腕として活躍した前島密《ひそか》は、「公務にきわめて忠実で、世間では『決済流るるが如し』と言うが、じつはよく人に計り、人の意見に耳を傾けた。念には念を入れる流儀であったが、決済したからには迷ったり躊躇《ちゅうちょ》することはなかった」と大久保を評しています。

合理的で近代的な考え方をする優秀な官僚であるがために「冷たい」という印象があるのかもしれません。そんな大久保の資質を表しているのが「**過ぎたるは及ばざるに如かず**」です（元・薩摩藩士の高橋新吉が、大久保から聞かされた話として語っているもの）。やりすぎると取り返しがつかないが、やる前であれば熟慮の余地があるというのは、政治家として責任感のある言葉です。この言葉につづけて、「孔子」のようなすぐれた人の言葉であっても、やみくもに信奉するのではなく、時勢に応じて活用してこそ価値を持つと説いています。

企業経営で、本業に専念していればよかったのに、時流に乗り遅れまいと場当たり的に新規事業に進出し、結果、経営が傾いてしまうことがあります。教育改革でも、ゆとり教育を導入したものの、改革が目指していた理念が実現されず、「脱ゆとり」へと方針転換しています。「やる前の熟慮」という大久保の見識はもっと注目されていいと思います。

92

大隈重信《おおくましげのぶ》 怒るな、貪るな、愚痴をこぼすな、世の中のために働け

わが輩《はい》は主義《しゅぎ》というものは嫌《きら》いである。そういうちっぽけなものに閉《と》じ込《こ》められることは真平御免《まっぴらごめん》だ。

（現代語訳略）

93

なにごとも楽観的《らっかんてき》にみること、怒《いか》るな、貪《むさぼ》るな、愚痴《ぐち》をこぼすな、そして、世《よ》の中《なか》のために働《はたら》け

（現代語訳略）

おおくま・しげのぶ　1838〜1922年。佐賀藩士。維新政府の参議。明治初期の金融財政を指導する。薩長藩閥政治のもと自由民権運動に同調、明治十四年の政変で伊藤博文と対立して下野。翌年、立憲改進党を結成、東京専門学校（早稲田大学）を設立。日本初の政党内閣の総理大臣となる。享年八十五。

平均寿命が五十年ほどの当時にあって、八十五歳まで生きた大隈重信。「人間百二十五歳説」をとなえた大隈は「気の充実した人」で、「なにごとも楽観的にみること、怒るな、貪るな、愚痴をこぼすな、そして、世の中のために働

け」と長生きの秘訣を説いています。幕末には徳川慶喜に政権返還を勧告しようとして脱藩上京するも捕らえられて謹慎処分。新政府でも、薩長藩閥が大手を振ってまかり通るなか、佐賀出身の大隈は政党を組織し、二度首相の座に就き、早稲田大学の設立など、目まぐるしく「官」と「民」を行き来しています。

　それだけでもストレスは想像に絶するものがあったと思うのですが、「**どうだ、わが輩の顔つきは？　見たところなかなか勢いがいいだろう**」「**知情意《ちじょうい》などというが、どうもそれでは足らぬ。これに気を加えなければいかぬ**」と、体を動かすには脚力を要するように、大成を期すにはこれを統《す》べる意志の力が必要だと説いて、ストレスなどどこ吹く風です。気で克つ気持ちがあると、自然に顔つきに勢いが出て、そうなると人もついてきます。

　大隈は、主義と言った途端に思考が停止してしまう弊害をよく知っていて、ちっぽけな主義主張を嫌いました。そんなことにこだわらずに、「**自分は楽観説で、人生を重んじて、つねに未来に光明を望んでいくのである**」「**大言壮語も大いに結構、思いきって高慢を言うのも大いに結構**」と、未来に向けて大手を振って歩くように説いています。

伊藤博文《いとうひろぶみ》　依頼心を起こしてはならぬ。自力でやれ

94

本当《ほんとう》の愛国心《あいこくしん》とか勇気《ゆうき》とかいうものは、そのような肩《かた》を聳《そび》やかしたり、目《め》を怒《いか》らしたりするようなものではない。

（現代語訳略）

95

いやしくも天《てん》下《か》に一《いち》事《じ》一《いち》物《ぶつ》をなし遂《と》げようとすれば、命《いのち》懸《が》けのことは始《し》終《じゅう》ある。（中略）依《い》頼《らい》心《しん》を起《お》こしてはならぬ。他《た》力《りき》はいかぬ、自《じ》力《りき》でやれ。

（現代語訳略）

いとう・ひろぶみ　１８４１～１９０９年。周防国の農家の子。松下村塾に学び、木戸、高杉らによって頭角を現し尊攘運動に挺身する。維新後にも立憲政治の準備のため渡欧し、内閣制度を導入。初代内閣総理大臣（第四次まで内閣を組織）、初代枢密院議長などを歴任。享年六十九。

伊藤博文は吉田松陰の私塾である松下村塾に学び、尊皇攘夷運動に参加しましたが、文久三（一八六三）年には長州藩の命により、井上馨《かおる》らとともにイギリスに留学します。この留学中にイギリスと日本との、あまりにも圧倒的な国力の差を目の当たりにして開国論に転じます。

開国論者となった伊藤博文は、明治十五（一八八二）年、立憲政治の準備のためにヨーロッパを視察し、帰国後に内閣制度や議会政治を導入します。

外国のシステムを学び、導入し、推進し、形づくった、そのパワーとスピードは並大抵ではありません。

「本当の愛国心とか勇気とかいうものは、肩を聳やかしたり、目を怒らしたりするようなものではない」という言葉にも彼の自負が見え隠れします。

今の政治家が「スピード感をもって」などと言うのを伊藤が聞いたら、なんと鈍重なことかと思うのではないでしょうか。

何もないところから議会制民主主義を立ち上げた苦労を考えると、もっとこの時代の精神と実践のあり方に学ぶべきだと思います。

吉田松陰は「俊輔《しゅんすけ》（博文）は将来周旋家《しゅうせんか》（政治家）になるだろう」とその才

能を見抜いたといいますが、そのとおりに、伊藤は初代の内閣総理大臣になります。

歴代総理のなかでも背負っていた責任は非常に重いものがありました。三国干渉をはじめ、まさに一つ一つの決断が命懸けでした。

そんな経験の連続だった伊藤は留学を控えた次男に、**「天下に事を成そうとすれば、命懸けのことはしょっちゅうある。人に頼らずに自力でやれ」「お前になんでも俺の志を継げと無理は言わないが、持って生まれた天分ならば、たとえお前が無一文になっても俺はけっして悲しまぬ。金持ちになったとしても喜びもせぬ」**と訓戒しています。

私は昔、伊藤博文の伝記をよく読んだものでした。四十四歳での総理大臣就任は、現在に至るまで、もっとも若い就任です。そして、通算で四次にわたって総理大臣を務めることになります。

かつて千円札の顔は伊藤博文でしたが、いまは伊藤の偉業にスポットライトが当たらないのを残念に思います。

96

渋《しぶ》沢《さわ》栄《えい》一《いち》　世間の信用を得るには、世間を信用することだ

信《しん》用《よう》は実《じつ》に資《し》本《ほん》であって
商《しょう》売《ばい》繁《はん》盛《じょう》の根《こん》底《てい》である。

（現代語訳略）

しぶさわ・えいいち　1840〜1931年。武蔵国の豪農の子。尊攘運動後に一橋家に仕え、主君慶喜の弟・昭武に随行してヨーロッパで見聞を広める。明治新政府に出仕するも下野。そののち第一国立銀行、日本鉄道など多数の会社設立に携わり、晩年は教育や社会事業に尽力した。享年九十二。

97

事業《じぎょう》には信用《しんよう》が第一《だいいち》である。世間《せけん》の信用《しんよう》を得《え》るには、世間《せけん》を信《しん》用《よう》することだ。個人《こじん》も同《おな》じである。自分《じぶん》が相手《あいて》を疑《うたが》いながら、自分《じぶん》を信用《しんよう》せよとは虫《むし》のいい話《はなし》だ。

（現代語訳略）

渋沢栄一は、幕末に横浜の外国人居留地の焼き討ちを計画するなど尊皇攘夷運動にかかわっていましたが、一橋家に仕えるようになって幕臣となり、維新後も主君の家政向きを扶《たす》け、授爵《じゅしゃく》のために運動するなど、徳川慶喜の復権に力を尽くしました。日本に株式会社制度を採り入れ、数々の会社を設立して経営に携わった実業家として知られますが、「最後の幕臣」と言っていい人でした。

終生、慶喜に「信」をおいた渋沢は、実業でも、「**信用は実に資本であって商売繁盛の根底である**」と説いています。信用を第一に考え、私腹を肥やさず、日本の国益のために道を踏み外すことなくまっとうできたのも『論語』のおかげだと言っています。「**士魂商才**」が、渋沢のモットーです。

起業を考える人は、「**有望な仕事があるが資本がなくて困るという人がいるが、その仕事が真に有望で、その人が真に信用ある人なら資本ができぬはずがない。大いに活動せんとする人は、資本をつくるよりも、まず信用の厚い人たるべく心がけなくてはならない**」という渋沢の言葉を噛みしめてほしいものです。「『論語』で一生を貫いてみせる」と言い切り、経済活動の根底に『論語』を置いた『論語と算盤《そろばん》』は古典の精神を実践に生かす「古典力」のお手本です。

98

新島襄《にいじまじょう》　その理論に愛の油を注ぎ、以てこれを考えよ

諸君《しょくん》よ、願《ねが》わくばその理論《りろん》に愛《あい》の油《あぶら》を注《そそ》ぎ、以《もっ》てこれを考《かんが》えよ。

（現代語訳略）

にいじま・じょう　1843～90年。安中藩士の子。軍艦操練所に入り、のち数学、航海術などを学ぶ。英学に転じ、アメリカおよびキリスト教に強い関心を持つ。アメリカに密航して、やがて受洗。アーモスト大学などで理学・神学を学ぶ。岩倉使節団に随行して欧米の教育事情を視察。宣教師として帰国後、同志社英学校（同志社大学）の設立に尽力。大学設立運動途上に神奈川県大磯で客死。享年四十八。

新島襄は江戸時代の終わりに密出国（当時は海外渡航が禁止されていた）してアメリカに渡り、キリスト教の洗礼を受けて神学を学びました。やがて東京に勝海舟を訪ね、キリスト教教育への協力を直談判します。

「理想とする教育の完成に何年かかる見込みだい？」と訊かれた新島が「まず二百年を期す」と答えると、勝は「それなら賛成してやろう」と応じています。

そんな経験から新島は「**金銭問題を気にする必要はありません。男らしさと献身が本物であれば、金は付いてきます**」と言っています。

明治八（一八七五）年に京都府に開かれた私塾の同志社英学校がのちの同志社大学へとつながっていきます。

明治二十一（一八八八）年に起草された「同志社大学設立の旨意《しい》」には「一国を維持するのはけっして二、三の英雄の力ではない。教育や智識《ちしき》、品行ある人民の力によるものである。これら一国の良心ともいうべき人々を養成する。これが私の目的である」とあります。

新島襄は「**人間の偉大さは彼の学問によるものではなく、自分が公平無私になることにある**」と、学問によって公平無私の精神を養うことに大きな目標をおいていました。

議論のとらえ方にも独自のものがあって、理論や理屈で是非を判断することは可能だが、相手を思いやり、相手の立場を察する「**愛の油**」を理論・理屈にちょっとずつ差すことで議論は建設的なものになる、と説いています。

それが「**諸君よ、もし理論をもって是非を判別せんと欲せば、決して難しきにあらざるなり。しかれども諸君よ、願くばその理論に愛の油を注ぎ、以てこれを考えよ**」です。

この言葉は、教師に不満を抱いてストライキを打った同志社の学生代表に言ったものです。

どんなに激しい議論でも、愛を土台に論議すれば、そこから出るものはお互いを生かすものとなる。矛盾や対立点を呑み込んで、新たな解決案を見いだしていくステップにしようではないかというのです。

日本人には相手の立場を思いやることができる国民性がありますから、「理詰め」の部分と「愛の油」の融合により現実的な解決案を見いだすことで、もっと実のある議論力を高めていくことができるはずです。

木戸孝允《きどたかよし》（桂小五郎《かつらこごろう》）　大道行くべし、又何ぞ防げん

99

大道《だいどう》行《い》くべし、又《また》何《なん》ぞ防《さまた》げん。

――信念を持って自分の道を突き進めば、その道を妨げるものは何もない。

きど・たかよし（かつら・こごろう）　1833～77年。長州藩医の家に生まれる。吉田松陰に師事し、尊攘運動に参加。西郷・大久保らと薩長同盟を実現。「五箇条の御誓文」の起草にかかわる。版籍奉還や廃藩置県など新政府の中央集権化を推進した。享年四十五。

100

「偶成《ぐうせい》」

才子《さいし》は才《さい》を恃《たの》み　愚《ぐ》は愚《ぐ》を守《まも》る
少年《しょうねん》の才子《さいし》　愚《ぐ》に如《し》かず
請《こ》う看《み》よ　他日業成《たじつぎょうな》るの後《のち》
才子《さいし》は才《さい》ならず　愚《ぐ》は愚《ぐ》ならず

才子恃才愚守愚
少年才子不如愚
請看他日業成後
才子不才愚不愚

——才ある者は自分の才気を頼んで勉学を怠り、愚直な者はこつこつと励む／少年のときは愚直であるのがよい／年を経て学業が成ったときを見るがよい／才ある者はだんだん才気が失せ、愚直な者が立派な人物になっているではないか

木戸孝允が亡くなる年の明治十（一八七七）年二月に西南戦争が勃発します。このとき木戸は「**西郷もまた大抵**《たいてい》**にせんか、予**《よ》**今自**《みずか》**ら赴**《おもむ》**きて之**《これ》**を説諭**《せつゆ》**すべし**」と怒鳴ったという逸話が残っています。その三か月後の五月に木戸は亡くなります。明治十年までですが、近代化を推進したという点で、吉田松陰の志を新政府で生かした人物ととらえることができます。

「逃げの小五郎」と言われますが、池田屋事件、禁門の変を生き延びて西郷、大久保とともに「維新の三傑」と言われるまでになっています。粘り強く、死なずに生きるというのも大切な生き方だと思います。そんな人生を支えた信念が「**大道行くべし、又何ぞ防げん**」です。信念を持って自分の道を突き進めば、妨げるものは何もない。そんな信念からすれば、「西郷を説得できるのは自分しかいない。病床にさえなければ…」と悔しかったと思います。「**愚直に勉学をした者が結局は立派な人物になる**」と詠んだ木戸の漢詩。アスリートを見ても、愚直なまでに努力した人に結果が付いてきます。木戸は剣術などで粘り強い身体をつくり、その上で造船術や蘭学を学んでいます。人生の方向性を決めるときの判断力は身体的な中心感覚や肚《はら》がかかわっていると私は考えています。

101

岩倉具視《いわくらともみ》　務めて国力を培養せば、大業甚だ難きにあらざる

我国《わがくに》小《しょう》なりといえども誠《まこと》によく上下同心《しょうかどうしん》その目的《もくてき》を一《いつ》にし（中略）務《つと》めて国産《こくさん》を生殖《せいしょく》し国力《こくりょく》を培養《ばいよう》せば（中略）宇内《うだい》に雄飛《ゆうひ》し万国《ばんこく》に対立《たいりつ》するの大業《たいぎょう》（中略）甚《はなは》だ難《かた》きにあらざるべし。

――日本は確かに小さい国かもしれないが、みんなが同じ方向を向いて国力を盛んにするなら、世界を相手に勇躍することはけっして難しいことではない。

いわくら・ともみ　1825〜83年。十四歳で京都・岩倉家の養子に迎えられる。日米修好通商条約の勅許に反対し、公武合体を唱えて和宮降嫁を推進。王政復古の立役者となる。維新後は、特命全権大使として欧米の制度を視察。明治憲法の制定に尽力。享年五十九。

岩倉具視はかつて五百円札の肖像画になっていました。その画が一癖ありそうな雰囲気で、一筋縄ではいかない気配を感じたものです。

公武合体を唱えて皇女・和宮を降嫁《こうか》させ、王政復古の立役者の一人となり、新政府でも、明治四年から六年（一八七一〜七三）まで、欧米諸国に派遣した大使節団の特命全権大使を務めます。これを「公家」の岩倉がやったのは特筆すべきです。和宮降嫁に賛成したために尊攘派にねらわれ、落髪《らくはつ》してまで四年以上も隠れ家を転々としたと言われています。異彩を放つ「公家」岩倉には、世界のなかで日本は小さい国だが、みんなが気持ちを合わせてやっていけば世界に勇躍することができるという確信がありました。その後、実際にそうなったことを思うと、岩倉のヴィジョンがいかにすぐれていたかがわかります。

当時の日本人のヨーロッパを見る目は非常に深く、真剣なものでした。課題を背負ってこそ、人は真剣にものごとを見抜き、眼力が鍛えられるのです。

102

陸奥宗光《むつむねみつ》　浪人はつねに勝つ。永久に勝つ

いやしくも進歩変革《しんぽへんかく》が社会《しゃかい》の常道《じょうどう》たる以上《いじょう》は、浪人《ろうにん》はつねに勝《か》つ。永久《えいきゅう》に勝《か》つ。浪人《ろうにん》の勝《か》たざる社会《しゃかい》は滅亡化石《めつぼうかせき》の社会《しゃかい》なり。

（現代語訳略）

103

「処世訓六カ条《しょせいくんろっかじょう》」

一　諸事堪忍《しょじかんにん》すべし、堪忍《かんにん》の出来《でき》る丈《だけ》は必《かなら》ず堪忍《かんにん》すべし、堪《かん》忍《にん》の出来《でき》ざる事《こと》に会《かい》すれば、決《けっ》して堪忍《かんにん》すべからず。

二　事《こと》の失敗《しっぱい》に屈《くっ》すべからず、失敗《しっぱい》すれば失敗《しっぱい》を償《つぐな》う丈《だけ》の工《く》夫《ふう》を凝《こら》すべし。

三　名誉《めいよ》は実力《じつりょく》にて取《と》り得《う》べく、僥倖《ぎょうこう》に求《もと》め得《う》べからざるものと知《し》るべし。

むつ・むねみつ　1844～97年。紀州藩士の子。海軍操練所に入り、海援隊にも加わる。西南戦争に呼応して禁獄五年。第二次伊藤内閣で外相として日英通商航海条約などを締結。享年五十四。

四　人《ひと》より少《すく》なく苦労《くろう》して人《ひと》より多《おお》くの利益《りえき》を得《え》んとするは、所謂《いわゆる》薄志弱行《はくしじゃっこう》の徒《と》の所為《しょい》たり。この念一回萌起《ねんいっかいほうき》すれば、必《かなら》ず生涯不愉快《しょうがいふゆかい》の境遇《きょうぐう》に陥《おちい》るべし。

五　人生《じんせい》には危険《きけん》なる事多《ことおお》し、避《さ》け得《え》らるるだけはこれを避《さ》くべし、その避《さ》けられざる場合《ばあい》、又避《またさ》け得《え》らるるも避《さ》けては一分相立《いちぶんあいた》たざる場合《ばあい》には、如何《いか》なる危険《きけん》をもこれを避《さ》くべからず。

六　臥寝睡眠《がしんすいみん》を催《もよ》おさず、又《また》は旅中舟車《りょちゅうしゅうしゃ》の間《かん》所為《しょい》なき時《とき》は、胸裏《きょうり》に何《なん》なりとも一《ひと》つの問題《もんだい》を設《もう》けて研究《けんきゅう》し置《お》くべし、他《た》日《じつ》その問題《もんだい》が実地入用《じっちいりよう》となる時《とき》、大《おおい》に都合《つごう》よき事《こと》あるべし。

――①なにごとにおいても堪忍すべきである。堪忍ができるだけは必ず堪忍し、堪忍できないことに遭えば、けっして堪忍すべきではない。②失敗に屈してはならない。失敗したら失敗を取り返す工夫をすべきである。③名誉は実力で取るように。幸運に求めて得られるものではないと知れ。④人より少なく苦労し、人よりも多くの利益を得ようとするのは、意志薄弱で、実行する力に欠けるせいである。もしそうした心が芽生えたなら、必ず不平不満の生活を送ることになる。⑤人生には危険が多い。避けられるだけは避けよ。しかし避けられない場合、あるいは避けたのでは面目が立たない場合はいかなる危険も避けるな。⑥眠くなく、旅中、乗り物でやることがないときは、胸中に何か一つ課題を掲げて研究しておけ。他日、その課題が実地に必要になるとき大いに役に立つはずだ。

陸奥宗光は、それまでの外務大臣が挑んで失敗した不平等条約改正をなしとげます。日清戦争の講和の際の三国干渉では、判断を過《あやま》つと国があやうくなる状況で伊藤博文と二人で判断を下し方針を決定します。岡崎久彦著『陸奥宗光』（PHP文庫）はこの緊迫感をよく伝えています。

しかし外交に才腕をふるった陸奥の前半生は順調ではありませんでした。新政府の薩長専制を非難して下野し、西南戦争に呼応して挙兵を企て禁獄五年に処せられています。

前半生は失敗の連続でしたが、その体験をふまえて、息子の廣吉《ひろきち》が外交官になったときに「処世訓六カ条」を与えています。「**二、事の失敗に屈すべからず、失敗すれば失敗を償う丈の工夫を凝すべし**」。この処世訓のように、個条書きで「一、二、三、……」と自分なりの訓戒を書きだしてみると、子孫のためだけでなく、自分の人生を振り返ることにもなるという効用があります。

陸奥は紀州藩士ですが、坂本龍馬の知遇《ちぐう》を得て、制約の多い藩を脱藩して浪人になり、自由な立場で活躍した人の気概というものを肌で知っていました。「**浪人は常に勝つ。永久に勝つ**」はそんなところから生まれた言葉です。坂本龍馬に「（刀を）二本差さなくても食っていけるのは、俺と陸奥だけだ」と言わしめた陸奥は、外務省という組織のなかにあっても、自由な立場の人間が新しいものをつくることを肝に銘じていたのです。

山県有朋《やまがたありとも》　とらふす野辺に我はゆかまし

104

わしは一介《いっかい》の武弁《ぶべん》にすぎない。

（武弁＝軍人）

105

今日《こんにち》必要《ひつよう》なことは馬上《ばじょう》の決断《けつだん》であり、それをひたすら願《ねが》っております。

（104番と105番は現代語訳略）

106

ひつじのみ群《むらが》る世《よ》こそうたてけれ　とらふす野辺《のべ》に我《われ》はゆかまし

――世の中を見ると弱い羊ばかりで、まったく情けない。自分は虎が伏しているような厳しい状況にも突き進んでいくぞ。

やまがた・ありとも　1838〜1922年。長州藩の下級武士の子。松下村塾に学び、松陰の「飛耳長目」策で京都情勢を視察、尊攘派の人たちと交流。奇兵隊の軍監として活躍。明治政府で「徴兵令」や「軍人勅諭」など軍制の整備改革をおこなう。二度内閣を組織。享年八十五。

山県（山縣）有朋は、奇兵隊に参加して幕府軍を倒すのに貢献した一方で、明治政府にあっては、西郷隆盛が西南戦争で亡くなり、大久保利通が暗殺されると、長州閥をつくって元勲として政界を牛耳《ぎゅうじ》り、自由民権運動を弾圧したとのマイナスの評価もあります。

山県とは一歳違いの高杉晋作は二十代で命を落としましたが、山県は伊藤博文や板垣退助といった政敵の誰よりも長生きしました。

そんな山県という人の長い人生におけるアイデンティティは「**一介の武弁**」です。

野村克也さんの「生涯一捕手」ではありませんが、山県は「生涯一軍人」と思い定めていました。内閣総理大臣を二度務めるなど、国政に深く関与するようになってからも、つねに「一介の武弁にすぎない」と口にしていたといいます。

慶応元年（一八六五）に山県が木戸孝允（桂小五郎）に出した手紙に、「**今日必要なことは馬上の決断**」と、幕府軍に砲声一発を放つことが長州藩にも日本のためにも先決であり、戦略などは二の次であると説いています。

「わたしは一介の〇〇である」の〇〇を、「鉄道屋」「技術屋」というふうに自分で埋めてみると、覚悟が定まり、やってやろうという勇気が湧いてくると思います。

吉田松陰は山県を「**気の人物**」とつねづね評していたそうです。

「**ひつじ**（羊）**のみ群る世こそうたてけれ　とら**（虎）**ふす野辺に我はゆかまし**」は、幕府による第二次長州征伐が必至となったときに詠まれたとされています。現代語訳にもあるように、「世の中、弱い羊ばかりでまったく情けない。私は虎が野に伏しているような厳しい状況にも突き進んでいくぞ」という意味です。山県は危機が迫ると虎が寝ているような危険地帯に突き進む、勇猛果敢な「武弁」でした。

日本の企業からカリフォルニア大学教授に転身した中村修二さん（ノーベル物理学賞受賞）が、米国の学生は起業を考えてどんどん質問してくるので貪欲《どんよく》だと言っていました。起業を考えている、企業内で新しいことに挑戦しようとしている、そんなときに「とらふす野辺に我はゆかまし」を暗誦すると、気力が湧くのではないでしょうか。

柴五郎《しばごろう》　死ぬな、堪えぬけ、生きてあれよ

107

死《し》ぬな、死《し》んではならぬぞ、堪《た》えてあらば、いつかは春《はる》も来《き》たるものぞ。堪《た》えぬけ、生《い》きてあれよ、薩長《さっちょう》の下《げ》郎《ろう》どもに、一矢《いっし》を報《むく》いるまでは。

——早まってはならない、死んではいけないぞ。堪え忍んでいれば、いつかきっと我が世の春がやってくる。それまで堪え抜け、生きてあれ。薩長のやつらに一矢を報いるまでは。

しば・ごろう　1860（59年とも）〜1945年。会津藩士の子。九歳のときに会津戦争で鶴ケ城が落城。会津藩が下北半島に移封となり、辛酸をなめる。その後、上京して士官学校に進み、大正八年には陸軍大将となる。昭和二十（一九四五）年、敗戦後に自刃し、そのケガがもとで病死。享年八十六。

『ある明治人の記録　会津人柴五郎の遺書』（中公新書）は私の愛読書で、声に出して読んでは、会津人の無念さや魂を胸に刻んだものでした。幼くして戊辰戦争の会津戦で母や姉妹を失い、斗南《となみ》藩へ移住させられ、極寒の下北で不毛な開墾作業と犬の屍骸《しがい》を分けあう悲惨な生活を送ります。しかし五郎の父は**「薩長の下郎武士どもに笑わるるぞ、生き抜け、生きて残れ、会津の国辱雪《そそ》ぐ**

までは生きてあれよ、ここはまだ戦場なるぞ」と叱咤《しった》しつづけました。

生き延びた柴は「**会津のものにとりては、東京もまた下北の火山灰地に似て不毛の地というべきか、人々日々の生活の業に疲れ、過ぎたること忘れがちなり**」と上京してからも苦労を重ね、やがて日本陸軍の中枢へとのぼりつめます。

柴の軍人としてのハイライトは義和団《ぎわだん》の乱（北清《ほくしん》事変）での活躍です。排外運動の反乱軍に取り囲まれて、各国公館員とその家族は北京で籠城《ろうじょう》を余儀なくされます。この多勢に無勢の籠城戦のとき、東洋人ゆえに各国公使らに軽視されながら、実力で全守備隊の作戦指揮官となって六十日に及ぶ籠城戦をしのぎきった柴は、各国から賞賛を浴びます（『守城《しゅじょう》の人　明治人柴五郎大将の生涯』参照）。柴は自分の功績を「軍の一員として働いたまで」と言ったり、第二次大戦中に戦況を問われて「いや、この戦争はだめですな」と冷静に判断する人でした。

日露戦争以降、軍部は傲慢さを増しますが、柴が活躍した日露戦争終結前は西洋に追いつけ追い越せと真剣に努力し礼節と勇気と誇りを持っていました。柴五郎こそ武士道の体現者であり、私たちが受け継ぐべき「魂」だと思います。

108

福沢諭吉《ふくざわゆきち》①　まず獣身を成して後に人心を養う

門閥制度《もんばつせいど》は親《おや》の敵《かたき》で御座《ござ》る。

——門閥（家柄）が優先される封建制度は親の敵に等しい。

ふくざわ・ゆきち　1835〜1901年。豊前国中津藩の下級藩士の子。緒方洪庵の適塾に学び、三度の遣欧米使節に参加。維新後は官職を離れ、慶應義塾での教育と、『学問のすゝめ』『文明論之概略』などの著作で啓蒙活動を展開。西欧文明の摂取と旧弊打破を訴えた。享年六十七。

109

独《どく》立《りつ》の気力《きりょく》なき者《もの》は必《かなら》ず人《ひと》に依頼《いらい》す、人《ひと》に依頼《いらい》する者《もの》は必《かなら》ず人《ひと》を恐《おそれ》る、人《ひと》を恐《おそ》るる者《もの》は必《かなら》ず人《ひと》に諛《へつら》うものなり。

——独立独歩の気概のない者は、必ず人に頼ることになる。人に頼る者は、必ず頼った相手を恐れることになる。人を恐れる者は、必ずその相手にへつらうようになる。

110

まず獣身《じゅうしん》を成《な》して後《のち》に人心《じんしん》を養《やしな》う。

——まずたくましい肉体・精神を身につけたうえで、学問を通じて知識と見識を養わなければならない。

「**門閥制度は親の敵《かたき》で御座る**」の「親の敵」は比喩《ひゆ》ではありません。福沢（福澤）諭吉の父は学問を志しながらも、下級武士ゆえにほそぼそとした事務的な仕事しか与えられず、四十五歳の生涯を終えています。そこで福沢は門閥（家柄）が優先される封建制度にあって苦労してもどうなるものでもないと、大分の中津藩を飛び出して長崎に行き、さらには大坂の適塾に学び、江戸でも学問を積むというぐあいに、自分が自由に羽ばたけるところを探して動いています。

ですから、福沢は「お上《かみ》、お上」と言ってひれ伏すような気力のなさを嫌いました。長いものには巻かれろ式の気風を独立の気風に変えていかなくてはならない。個人の独立はもちろんのこと、それが国の独立にもつながると、国民性さえ変えようとチャレンジした人物です。

幼い子どもがあまり体を動かさず、タブレットばかりいじることに懸念を抱いている私は、福沢が言うように「**まず獣身を成して後に人心を養う**」べきだと思っています。将来、経済的に困ることのないように早い時期から知育をしなければとの焦りが親にあるようですが、まずは肉体を鍛えて精神を開花させ、身心のたくましさを養うことで一生を生きていく力をつけることのほうが大切です。知識に偏重して、人とのかかわりのなかで生きていく力をそいでしまってはいけません。

福沢は『学問のすゝめ』のラストでこう言っています。「**人類多しといえども、鬼にもあらず蛇《じゃ》にもあらず、ことさらにわれを害せんとする悪敵はなきものなり。恐れはばかるところなく、心事《しんじ》を丸出しにしてさっさと応接すべし。**（中略）**人にして人を毛嫌《けぎら》いするなかれ**」

111

福沢諭吉②　一人にてこの日本国を維持するの気力を養い

学《がく》問《もん》に入《い》らば大《おお》いに学《がく》問《もん》すべし。
農《のう》たらば大《だい》農《のう》となれ、
商《しょう》たらば大《たい》商《しょう》となれ。
学《がく》者《しゃ》小《しょう》安《あん》に安《やす》んずるなかれ。

――学問をするならおおいに学問をするべきである。農民ならば、大農民になれ。商人なら、大商人になれ。学者ならば、小さな生活の安定に満足するな。

112

志《こころざし》を高遠《こうえん》にして学術《がくじゅつ》の真面目《しんめんもく》に達《たっ》し、不羈《ふき》独立《どくりつ》もって他人《たにん》に依頼《いらい》せず、或《ある》いは同志《どうし》の朋友《ほうゆう》なくば一人《ひとり》にてこの日本国《にっぽんこく》を維持《いじ》するの気力《きりょく》を養《やしな》い、もって世《よ》のために尽《つく》さざるべからず。

——志を高く掲げて学問を修め、独立の気概をもって他人に依存せず、たとえ同志がなくとも自分一人で日本を背負って立つぐらいの覚悟で気力を養い、もって世のために尽くさなければならない。

私は『学問のすゝめ』を国民皆読の書として読んでもらいたいと、現代語訳を上梓《じょうし》するなど、福沢諭吉の『学問のすゝめ』を「すすめ」ています。

この本のなかで福沢は、学問をするなら徹底的にやれ、農業をやるなら大農を目指せ、商業なら大商人になれとすすめています。明治大学の学生にこの一節を紹介すると、みんな希望が湧くようです。

福沢は実学の人ですから、社会を活性化させ、発展させていくことが学問の役割であると考えていました。

「**学問をするには、その志を高遠にさせるべからず。飯を炊き風呂を焚くも学問なり。天下の事を論ずるもまた学問なり**」と言っています。世の中いたるところ学問の機会はあるのだから、学問のための学問になるなと戒めているのです。

さらに「**自力に食《は》むの一事にては未《いま》だ学問の趣意終れりとするに足らず**」と、学問をすることで「**不羈独立**」、独立の精神を養うにとどまらず、一人で日本を担っていくのだという気力を養い、世に尽くしてこそ、学問の目的は達せられるとしています。みこしと同じで、誰かが担ってくれるだろうと手を抜く人が多いとつぶれてしまうのです。

人柄と言っていることとが一致しているところが福沢の魅力です。自伝（『福翁《ふくおう》自伝』は自伝の最高傑作です）のなかで、みずからの性格を「誠にカラリとしたものでした」と言っています。合理的で、家族を大事にし、胆力もありというぐあいに、大変な人生を生きてきたわりに明るい思想の持ち主でした。日本人としては珍しいくらい湿度が低いのです。しかし、そのくらい日本的でないカラリとした人がこの国最大の変わり目を担ったゆえに、日本の近代化は実現したのかもしれません。

近代国家としての日本は、『学問のすゝめ』に多くのことを教わりながら、この本と二人三脚するように歩みをはじめました。ですから、いまのわれわれは、この本を読んでいてもいなくても、みなその影響下にあると言って過言ではありません。

カラリと明るく前向きなこの本を読み直して、私たちも、カラリと明るく前向きになりたいと思います。ぜひとも『学問のすゝめ』を手に取ってみてください。

113

板垣退助《いたがきたいすけ》　楽を共にせざる者は、憂を共にせざる

その楽《らく》を共《とも》にせざる者《もの》は、その憂《ゆう》を共《とも》にせざる所以《ゆえん》。

――楽しみを共にしてこそ、つらいことを共にできる。

いたがき・たいすけ　1837～1919年。土佐藩士として倒幕運動に従事。維新後、参議などの要職を歴任するも、征韓論で敗れて下野。民撰議院設立建白書を提出するも脚下されて高知にもどり、立志社を設立するなど自由民権運動の魁をなす。自由党を結党。第一次大隈内閣などの内相を務める。享年八十三。

114

その難《かた》きを期《き》して之《これ》を勤《つと》むる時《とき》は、則《すなわち》その成《な》るや易《やす》く、その易《やす》きを期《き》して之《これ》を勤《つと》むる時《とき》は、則《すなわち》その成《な》るや難《かた》し。

――難しいだろうと思って努めるときは達成しやすく、こんなことは簡単だと思ってやると失敗しやすい。

自由民権運動で知られる板垣退助は、幕末に討幕運動に携わり、戊辰戦争の会津戦で功績を挙げます。

その体験から板垣は、領民が支配層の武士たちとつらいことを共にできるには、楽を共にしている必要がある、と考えました。

「**その楽を共にせざる者は、その憂を共にせざる所以**」は、「楽の共体験」の大切さを言っています。

つらいことを共にすることで結束が強固になるのではなく、楽しみを一緒にするからこそつらい時期も乗り越えられると言っている点が面白いところです。「苦楽を共にする」ではなく「楽苦を共にする」です。

二〇二三年のWBCで日本は優勝しましたが、大会前にはダルビッシュ有投手が中心となってみんなで食事会をして一体感を高めました。チームとしてきつい場面を乗り越えていくためにも、みんなで楽しみを共有することは大切です。大学生も、合宿などで一緒に寝泊まりして楽しみを共にすると、その後にきついことがあっても仲よくやっています。

板垣は、「**簡単だと思ってやると失敗しやすいが、難しさをわかっていて努めると達成しやすい**」とも言っています。

会社で上司が恐れる部下の言葉の一つに「大丈夫です」があるそうです。必要以上に「大変だ、大変だ」と思うのは百害あって一利なしですが、現実に向き合って、どこが難関なのかを具体的に見極めておくことは大切です。

115

新渡戸稲造《にとべいなぞう》　名誉と名声が得られるならば、生命さえも廉価

十分《じゅうぶん》に力《ちから》を出《だ》す者《もの》に限《かぎ》って、おのれに十二分《じゅうにぶん》の力《ちから》があり、十二分《じゅうにぶん》の力《ちから》を出《だ》した者《もの》がおのれに十五分《じゅうごぶん》の力《ちから》があることがわかってくる。

（現代語訳略）

にとべ・いなぞう　1862〜1933年。盛岡藩出身。札幌農学校に学び、内村鑑三らとキリスト教に入信。帝国大学を中退後、欧米で農政学などを学ぶ。京都帝大・東京帝大教授、国際連盟事務局次長などを歴任。〈太平洋の橋〉になろうとした。享年七十二。

116

恥《はじ》を免《まぬか》れもしくは名《な》を得《え》るためには、武士《ぶし》の少年《しょうねん》はいかなる欠乏《けつぼう》をも辞《じ》せず、身体的《しんたいてき》もしくは精神的苦痛《せいしんてきくつう》の最《もっと》も厳酷《げんこく》なる試煉《しれん》にも堪《た》えた。（中略）もし名誉《めいよ》と名声《めいせい》が得《え》られるならば、生命《せいめい》そのものさえも廉価《れんか》と考《かんが》えられた。

（現代語訳略）

新渡戸稲造は盛岡に生まれ、札幌農学校で学んだのち、アメリカ、ドイツで農政学などを研究。帰国後は札幌農学校教授、京都帝大教授、第一高等学校長、東京帝大教授、東京女子大学長を務め、青年の教育に情熱を注いだ人です。

武士の出の新渡戸は世界的ベストセラーとなった『武士道』を著しますが、刀を維新後に捨てたときに心もとない感じがしたと言っています。武士の子息は数えで五歳になると、本物の刀を腰に差すという儀式を通して、危険な武器であり武士の魂である刀を持つことで自尊心や責任感を植えつけられました。新渡戸も刀を差すことで腰がきちっと決まる感じを幼いころから体得していたため、それがやがて世界に日本の精神性を示す『武士道』を英語で書くことにつながります。

新渡戸は武士道を日本人の倫理観の柱ととらえ、「忠義」「名誉」「誠」など武士が大事にした価値をとりあげて丁寧に説明したことで、欧米人に日本人の気質、価値観、団結力を知らしめる成果を上げています。

116番の言葉はその一節です。武士道は私利私欲に走らないことを旨とし、公《おおやけ》の利益のために生きることは命よりも大事なもの。それを重んじるのが名誉というわけです。

「人はなんで活《い》きているかというに、理想で活きている」「勝敗を定むる標準を高きに置けよというに帰着《きちゃく》する」と言う新渡戸にとって、太平洋の架け橋になることが理想であり標準でした。

その理想実現の気概が**「力を十分に出したと思っても、十分に至るとまだ底があることを発見する。だから十分に力を出す者は自分に十二分の力があり、十二分の力を出す者は十五分の力があることがわかってくる」**に表れています。『武士道』は明治三十二（一八九九）年に出版されますが、その当時ですら、すでに「武士道」が廃れつつあることを寂しく思っていた新渡戸は、その一方で、武士道の精神がこれからも生きつづけることを確信していました。現代のわれわれも、日本人の精神構造の原点がここにあることを知っておくべきです。

アジアやアフリカの多くの国が植民地となるなか、なぜ日本が奇跡的な速さで近代化に成功したのかという世界の驚愕に対する答えが、『武士道』にあったのです。私の教え子の社会科の教師は高校生と一緒に『武士道』を朗誦《ろうしょう》しています。『武士道』は子どもたちに伝えたい名著です。

117

岡《おか》倉《くら》天《てん》心《しん》　変化こそは唯一の永遠である

われわれの歴《れき》史《し》の中《なか》にわれわれの未《み》来《らい》の秘《ひ》密《みつ》がかくされている。

（現代語訳略）

おかくら・てんしん　1863～1913年。横浜に生まれる。東京大学を卒業後、文部省に入り、かたわらフェノロサに師事。東京美術学校校長。のちに門弟の横山大観らと日本美術院を創立。ボストン美術館の東洋部長となり、日本美術の紹介に尽くした。享年五十一。

118

変化《へんか》こそは唯一《ゆいいつ》の永遠《えいえん》である。

（現代語訳略）

「変化の時代」と言われますが、歴史的に見ると、目まぐるしく変化していくなかでそのときどきに一番フィットするものを見いだし、それを積み重ねてきたのが社会とも言えます。まさに「**変化こそは唯一の永遠**」です。

私たちが明治維新に心が向くのは、大変化の時代に対応できた人間の知情意の総合力に魅力を感じるからだと思います。

岡倉天心は、東京大学で政治学などを学び、同校に着任したフェノロサに感化されて、卒業後に文部省に入り、フェノロサのもと、当時なおざりにされていた日本文化の振興をはかった。鑑画会《かんがかい》を結成して絵画界の刷新に努め、狩野芳崖《ほうがい》や橋本雅邦《がほう》らの真価を再評価した、明治時代の美術界の指導者です。

東日本大震災という未曾有《みぞう》の危機や経済的な停滞、少子化といった難題に直面して、日本を変えていかなければと言われています。岡倉天心流に言うなら、日本が永遠であろうとするならば、この危機にこそ変化しなければなりません。

「われわれの歴史の中にわれわれの未来の秘密がかくされている（ことを本能的に知っている）」と言った岡倉は、茶道に象徴される東洋の文化を英文で著し、日本の精神文化をアピールした、志のある生き方をした志士でした。

近年、「クール・ジャパン」を世界に発信しようとしていますが、新渡戸稲造も岡倉天心も、日本の精神文化を積極的にアピールした点で、その魁《さきがけ》と言えます。

「開明は精神の物質に打勝つ現象なり」――知識や文化の発展は精神が物質を超えたところに表れるという岡倉の言葉は、私たちが持っている精神文化というものに目覚めさせてくれる言葉です。

119

前原一誠《まえばらいっせい》　国の為に死すとも君恩に負かず

我《われ》今《いま》国《くに》の為《ため》に死《し》す
死《し》すとも君《くん》恩《おん》に負《そむ》かず
人《じん》事《じ》通《つう》塞《そく》あり
乾《けん》坤《こん》吾《わが》魂《たましい》を弔《ちょう》さん

今我為国死
死不負君恩
人事有通塞
乾坤弔吾魂

——私はいま国のために死ぬ／死に際しても君恩に背かない／人のやることには運不運がある／天と地がわが魂を弔ってくれる

まえばら・いっせい　1834～76年。長州藩士。松下村塾に学び、高杉晋作らと尊攘派として活躍。維新後、新政府に出仕し参議などに登用されるも新政府と意見が合わず下野。明治九年十月、政府改革を目指して萩の乱を起こすも鎮圧され、十二月に斬首された。享年四十三。

松下村塾の門をたたいた前原一誠を師の吉田松陰は「**勇あり、智あり、誠実人に過ぐ**」と評しています。

維新後は生誕地の長州・萩を離れ、越後府判事となって民政を担いますが、中央の指令に従わなかったり、参議に登用されるも改革を急ぐ政府と相容れず、辞職して萩に帰郷。四年後には政府改革を目指して士族を率いて挙兵するも鎮圧され、処刑されています。この時期に各地で起きた不平士族の乱の一つ（萩の乱）です。

「不平」というと自分の待遇や地位に不満をもつ者というイメージを持ちがちですが、少なくとも前原は違いました。

「今日明日の食い扶持《ぶち》にも事欠く人々をうち捨てて、何が政《まつりごと》ぞ、何が国事ぞ。桂（桂小五郎）……越後は痛んでいる。百姓たちは流す涙も枯れるほど苦しみぬいている。これを座して黙すること良しとするか、今、松陰先生がこれを見てよしとするか、俺はおぬしに尋ねたい」と前原は桂小五郎（木戸孝允）に剣先を突きつけたといいます。

119番の漢詩でも「**人のやることには運不運がある。私は国のために死ぬが、天と地が魂を弔ってくれる**」と覚悟のほどを詠んでいます。

さまざまな人の国に対するさまざまな思いがぶつかり合って、そのなかで犠牲者を出しながら新しい形の国家をつくっていったことを思うと、士族の「不平」の思いを頭から否定することはできません。前原も西郷隆盛と同じく情に厚い人物だったのだと思います。

120

犬養毅《いぬかいつよし》 苦にするとせぬとは、目的が定って居るか居ないかに在る

順境《じゅんきょう》とか逆境《ぎゃっきょう》とか、貧富《ひんぷ》とかいうことを苦《く》にするとせぬとは、畢竟目的《ひっきょうもくてき》が定《さだま》って居《い》るか居《い》ないかに在《あ》る、立志《りっし》の堅《かた》きものがあるかないかの別《べつ》である。

——目的が定まっていれば、順境・逆境、貧富などにわずらわされることはない。掲げた志が堅固であるかどうかの違いである。

いぬかい・つよし 1855〜1932年。備中庭瀬藩郷士の子。慶應義塾に学び、立憲改進党結成に参加。明治二十三（一八九〇）年、第一回総選挙で当選以降、暗殺されるまで十八回連続当選。昭和四（一九二九）年、政友会総裁となり、翌々年、政友会内閣を組織。昭和七（一九三二）年、五・一五事件で暗殺された。享年七十八。

原敬《たかし》が山県有朋の力を利用して自らの勢力拡大を図ったのとは対照的に、犬養毅はほとんど少数政党に身を置いて苦労を重ねています。「自分の経験から言っても、多年の間いわゆる逆境にあるのであるが、自分はいまだかつて人の思うごとく苦痛を感じたことはない」と言っています。その理由を「順境とか逆境とか、貧富とかいうことを苦にするとせぬとは、畢竟目的が定って居るか

居ないかに在る」(目的が定まっていれば、順境・逆境、貧富などにわずらわされることはない)、つまり苦にするしないは志の堅さによるとしています。

犬養が定めた「目的」とは、君主や国家が議会の決定に異議をとなえないこと、つまり立憲政治を日本に根づかせることにありました。

デモクラシー運動の先頭に立って無欲でやっていたから苦痛を感じたことはなかったということなのだと思います。

昭和七(一九三二)年五月十五日、武装した海軍の青年将校たちが内閣総理大臣官邸に乱入し、時の総理大臣・犬養毅を殺害した(このとき犬養は、銃口を向けられながらも「話せばわかる」と説いたとされている)。犬養らが暗殺されたこの五・一五事件以後の昭和が軍部の暴走につながったことを思うと、その死はまさに分水嶺でした。

目的を定めて生きる——オリンピックを目指すようなアスリートの鍛錬をはたから見ていると、さぞかし大変だろうと思いますが、そのわりに大変さを感じさせないのは、目的に向かって前進していくことに高揚感を感じているからなのだと思います。

121

中江兆民《なかえちょうみん》　自由は取るべき物なり、貰うべき品にあらず

自由《じゆう》は取《と》るべき物《もの》なり、貰《もら》うべき品《しな》にあらず。

――自由は勝ち取るものであって、待っていても手に入らない。

なかえ・ちょうみん　1847～1901年。土佐藩士の子。藩校で漢学、長崎・江戸で仏学を学び、一八七一年岩倉使節団とともにフランスに留学。ルソーの「社会契約論」を翻訳刊行するなど自由民権を唱え、「東洋のルソー」と言われた。民権派の新聞に健筆をふるい藩閥政治を厳しく糾弾した。享年五十五。

ドイツの法学者イェーリングは『権利のための闘争』で、「権利のための闘争は権利者の自分自身に対する義務である。と同時に、権利のための闘争は国家共同体に対する義務である」「正当な権利を主張する行動に駆られない者を助けてやろうとしてもどうにもならない」と説いた。自由民権思想を日本で推進した中江兆民は、「**自由は取るべき物なり、貰うべき品にあらず**」と言った。

自由は勝ち取るものであって、待っていても手に入らないというのは、フランス革命が示すところです。世界史的に見ると、権力者が権力を自ら手放すことはごくまれで、民衆の諸権利は運動を起こしてはじめて勝ち取れる。憲法は権力に挑んで一つ一つ獲得してきた権利を書いたもの。その他の法律は国民が「何々してはいけない」というスタイルですが、憲法だけは権力を抑制するために書かれています。

日本の近代化を思想面で推進した人物として志士の一人に数えられる兆民ですが、「無血虫《むけつちゅう》の陳列場……已《や》みなん、已《や》みなん」（衆議院は「血の通わない虫けら」の「陳列場」だ！　辞めてしまえ！　辞めよ！）と、権利獲得のための舌鋒《ぜっぽう》には鋭いものがありました。

122

清水次郎長《しみずのじろちょう》　敵だろうが味方だろうが、皆天子様の御家来

敵《てき》だろうが味方《みかた》だろうが、皆天子様《みなてんしさま》の御家《ごけ》来《らい》で、同《おな》じ日本人《にっぽんじん》に相違《そうい》ない。しかもどっちもお国《くに》の為《た》めと思《おも》って戦《たたかい》もしたのだろうに、死骸《しがい》が抛《ほう》り放《ぱな》しになっているとは何事《なにごと》だ。よし、俺《おれ》が引受《ひきう》けて葬《ほうむ》りもし、回向《えこう》も

してやろう。若《も》しそれを咎《とが》めるなら、咎《とが》めるほうが間違《まちが》っているのだ。

（現代語訳略）

しみずの・じろちょう　1820〜93年。静岡・清水の船持船頭の子。博徒の親分として勇名を馳せるが、清水港に放置されていた咸臨丸の乗組員の遺体を葬った義侠心に感じ入った幕臣の山岡鉄舟の知己を得る。維新後は富士山麓の開墾など、社会事業家としても活躍。享年七十四。

私の地元近くの清水（現・静岡市清水区）には「次郎長祭り」があります。博徒でありながら実業家になったこともあって、いまだに清水次郎長は大変な人気があります。

手勢四百八十人を率いて伊勢に乗り込むなど「街道一の大親分」だった次郎長ですが、勝・西郷会談の下交渉に駿府《すんぷ》を訪れた山岡鉄舟を護衛したことをきっかけに「転身」します。清水沖での旧幕府軍と官軍の海戦で咸臨丸《かんりんまる》が撃沈され、湾内に遺体が多数浮かんだのを見た次郎長は「敵味方の区別なく、全部引き上げて丁重に葬れ」と子分に指示したといいます。その訳を次郎長は「私は無学でござんすから、官軍がいいのか、幕府方が悪いのか、そんなことは知らねえが、死んでしまえば皆、怨《うらみ》も恩も滅してしまう同じ仏《ほとけ》じゃござんせんか」と語っています。

次郎長は「自分の親分は山岡鉄舟」と尊敬し、三保《みほ》の新田開発、富士の裾野の開墾、英語学校の設立など、地域振興のために奮闘することになります。

山岡鉄舟が「おまえのために命を捨てる子分は何人いるか」と訊くと、次郎長は「自分のために命を捨てる者は一人もおりませんが、自分は、子分のためにいつでも命を捨てる覚悟をしております」と答えたといいます。

人前で叱って自分のミスを部下のせいにするのにくらべると、責任は自分がとるというリーダーについていきたいと思うのは当然です。

「親分肌の人」が絶滅危惧種になりつつあるいま、次郎長の言葉は輝きを増します。

第4章

幕末維新の魁《さきがけ》をなした志士の言葉

123

藤田東湖《ふじたとうこ》　深慮すべきは人心の正気の足らざるにあり

国難襲来《こくなんしゅうらい》す。国家《こっか》の大事《だいじ》といえども、深慮《しんりょ》するに足《た》らず。深慮《しんりょ》すべきは人心《じんしん》の正気《せいき》の足《た》らざるにあり。

――いま大きな国難（黒船来襲）に直面しているが、憂慮するにはおよばない。深く憂うべきは人の心に正気が足りないことである。

ふじた・とうこ　1806〜55年。水戸藩の儒学者・藤田幽谷の子。徳川斉昭を藩主に擁立し、藩政改革を推進。弘道館の建学理念「弘道館記」を起草。斉昭の謹慎で幽閉されるも斉昭の幕政参加に伴い海防掛などを務める。その思想は尊皇攘夷運動に大きな影響を与えた。安政の大地震で圧死。享年五十。

藤田東湖は水戸学の大家として、その思想は尊皇志士に大きな影響を与えています。なかでも右頁の言葉にもあるように、厳しい状況のときにこそ正気《せいき》を持って時代に立ち向かうという**「正気の思想」**は、吉田松陰ら志士たちを鼓舞《こぶ》し、明治維新の礎《いしずえ》となっています。

この「正気《せいき》」は正気《しょうき》と狂気というときの正気ではなく、天地のあいだに広くある「元気」「正しい気風」という意味合いで、事をなすには人の心にそうした気力、気迫が必要だということです。

逆風にあえて挑戦する経営者のもとでは社員の気力が充実します。出光興産の創業者をモデルにした百田尚樹《ひゃくたなおき》の『海賊とよばれた男』には、気迫としての「正気」があふれています。富田常雄の小説『姿三四郎』（黒澤明監督が映画化）

には、三四郎が武術大会に臨む当日、**「天地正大《せいだい》の気、粋然《すいぜん》として神州《しんしゅう》に鍾《あつ》まる。秀でては、不二《ふじ》の嶽《がく》となり、巍巍《ぎぎ》として千秋に聳《そび》ゆ、注いでは、大瀛《たいえい》の水となり、洋洋として八洲を環《めぐ》る、発しては、萬朶《ばんだ》の桜となり」**（天地に存在する正大の気、つまり正気は純粋清浄に、わが神州日本に集まりおおっている。なかでも顕著なものをあげれば富士山。巍巍《ぎぎ》として雲表《うんぴょう》にそびえ、注ぎあふれては大海原の水となり、洋々として我が大八洲《おおやしま》の周囲をめぐり、ひらいては多くの枝いっぱいの桜の花となり）と東湖の「正気の歌」の一節を音読する場面があります。

尊皇の心をうたい、志士たちの士気を高めたこの詩は、老中・水野忠邦の「天保《てんぽう》の改革」が挫折したときに、水戸藩主・徳川斉昭もこれに巻き込まれて謹慎を命じられて幽閉された際に東湖も幽閉の身となったこの期間につくられ、「正気の歌」と題されました。「正気の歌」を声に出して読むと、気持ちを落ち着けながら気力を高めてくれます。

それにしても、水戸藩というのは不思議な藩です。水戸光圀《みつくに》が『大日本史』を編纂したことに始まる水戸学は、武家でありながら、天皇家の日本国における地位の高さを認識したがゆえに尊皇思想の一大拠点になったわけです。

124

月性《げっしょう》　男児　志を立てて郷関を出づ

「将《まさ》に東遊《とうゆう》せんとして壁《かべ》に題《だい》す」

男児《だんじ》　志《こころざし》を立《た》てて郷関《きょうかん》を出《い》づ
学《がく》　若《も》し成《な》る無《な》くんば復《ま》た還《かえ》らず
骨《ほね》を埋《うず》む何《なん》ぞ期《き》せん　墳墓《ふんぼ》の地《ち》
人間《じんかん》到《いた》る処《ところ》　青山《せいざん》有《あ》り

男児立志出郷関
学若無成不復還
埋骨何期墳墓地
人間到処有青山

——男子がいったん志を立てて故郷をあとにしたからには／万一、学業が成らなかったら死んでも帰郷しないという決意を持ちつづけるべきだ／先祖と同じ墓地に骨を埋めなければならないということはない／世の中どこにでも活躍の場はあるし、どこにでも骨を埋める場所はあるものだ

げっしょう　1817〜58年。周防の妙円寺の住職。諸国に遊学して詩文をよくし、吉田松陰らと交わった尊皇攘夷派の僧で、仏教による独自の海防論を説いたことから海防僧とも呼ばれた。享年四十二。

月性は十五歳のとき豊前《ぶぜん》国、肥前《ひぜん》国、安芸《あき》国で漢詩文や仏教を学び、京阪、江戸、北越を遊学して名士と交流した。長州・萩では吉田松陰、久坂玄瑞らとも親しかった。松陰との付き合いは、松陰が黒船乗船に失敗し、萩の野山獄に捕囚されていた頃からだとされる。月性が三十二歳のときに開いた私塾「清狂草堂《せいきょうそうどう》」（山口県柳井市の妙円寺境内）は、松下村塾と並び称され、多くの門

人を輩出している。久坂玄瑞も一時期、ここで学んだ。月性は松陰より十三歳年上になる。

攘夷論を唱え、紀州藩へ赴いて海防の説得にあたるなど、「**もし学業が成らなかったら帰郷することはない**」と思い定め、つねに国外からの攻撃を憂えて人心を鼓舞し、独自の海防論を叫んでいました。

「海防僧」と呼ばれた月性の志が233頁の漢詩によく表れています。

かつては「**志を果たしていつの日にか帰らん**」と故郷を出てきた人の力で東京が支えられた時代がありました。東京では、志と志がぶつかり合い、切磋琢磨することで、志がさらに磨かれたものでした。故郷を出て学問を修め、世に貢献したいと大志を抱いた人が大勢いました。ところが最近は、大学進学にしても、経済問題もあって、地元志向が強まっています。

地方活性化にはいいとは思いつつも、「上京力」の効果を身をもって知る私としては、大学の四年間ぐらいは東京の風にあたり、大東京を肌身で知り、さまざまな人のあいだでもまれ、そのうえで故郷に帰るのもいいのではないかと思います。

125

渡辺《わたなべ》崋山《かざん》　基は心の実ということを忘する勿れ

「八勿《はちぶつ》の訓《くん》」

一　面後《めんご》の情《じょう》に常《つね》を忘《わ》する勿《なか》れ

二　眼前《がんぜん》の繰廻《くりまわ》しに百年《ひゃくねん》の計《けい》を忘《わ》する勿《なか》れ

三　前面《ぜんめん》の功《こう》を期《き》して後面《こうめん》の費《ついえ》を忘《わ》する勿《なか》れ

四　大功《だいこう》は緩《かん》にあり、機会《きかい》は急《きゅう》にありという事《こと》を忘《わ》する勿《なか》れ

五　面《おもて》は冷《れい》なるを欲《ほっ》し、背《せ》は暖《だん》を欲《ほっ》すると云《いう》を忘《わ》する勿《なか》れ

六　挙動《きょどう》を慎《つつし》み、その恒《つね》を見《み》らるる勿《なか》れ

七　人《ひと》を欺《あざむ》かんとする者《もの》は人《ひと》に欺《あざ》むかる、欺《あざむ》かざるはすなわち己《おのれ》を欺《あざむ》かずという事《こと》を忘《わ》する勿《なか》れ

八　基《もと》（もとい）を立《た》て物従《ものしたが》う、基《もとい》は心《こころ》の実《じつ》ということを忘《わ》する勿《なか》れ

一　相手と向き合って面談しているとき、その場の感情に流されて平常心を忘れてはならない。

二　目前のやりくりにとらわれて、長期的な展望を忘れてはならない。

三　目前の利益をとろうとして、後にツケがまわってくることを忘れてはならない。

四　大きな成功は、ゆるやかになしとげるものである。しかし、それを手にするためのチャンスは、突然やってくることを忘れてはならない。

五　表面は冷めていることを要するが、心の内に熱いものを持つことを忘れてはならない。

六　立ち居振る舞いを慎みなさい。相手に常日ごろの心を悟られてはならない。

七　人を欺こうとするものは他人に欺かれる。欺かないというのは、自分をも欺かないことであるのを忘れてはならない。

八　基本が立っていれば、あとはみなそれに従う。基本は誠実にあることを忘れてはならない。

わたなべ・かざん　１７９３〜１８４１年。三河国田原藩江戸屋敷で生まれる。画才を認められ谷文晁に師事。儒学を佐藤一斎らに学ぶ。年寄役兼海防掛など藩政の要職を務め、高野長英ら蘭学者と交友を深める。『慎機論』で幕府の対外政策を批判。蛮社の獄に連座して田原蟄居を命じられ自刃。享年四十九。

天保七（一八三六）年からの大飢饉の際、三河の田原《たはら》藩は、渡辺崋山の発案により建設した飢饉用の穀物備蓄倉庫「報民倉《ほうみんそう》」のおかげもあって、一人の餓死者も出すことなく乗り切ったとされています。

その際、大坂商人と資金調達の交渉をおこなった用人に手紙で送ったのが、八つの「してはいけないこと」を心得として説いた「八勿《はちぶつ》の訓」です。

以前、弁護士の射手矢好雄《いてやよしお》さんとの共著『ふしぎとうまくいく交渉力のヒント』という本を出したとき、「利益」「選択肢」「根拠」「代替案（BATNA）」「関係」「意思表示」「合意」――この七つがカギになる交渉術を学びました。

なかでも自分にとって利益とは何かを考えるのが一番大事です。

交渉の過程で、えてして利益を忘れて、こまかいところに入り込んでしまうことがあります。婚活《こんかつ》にしても、結婚することが最大の利益にもかかわらず、こまかい条件にとらわれて結婚に至らないということもあります。

その点、渡辺崋山は「目前の利益をとろうとして、後にツケがまわってくることを忘れてはならない」というふうに交渉力の基本をわきまえています。

「**一人にても餓死流亡《りゅうぼう》に及び候わば、人君《じんくん》の大罪にて候**」というふうに、崋山は人民が不利益を被らないことを志の「基《もとい》」において人生を貫いています。

蘭学者の弾圧をねらった幕府は崋山らの無人島渡航計画の噂《うわさ》を知るところとなり、崋山や高野長英らを捕らえました。渡航の罪は晴れたものの、崋山は机の引き出しの底から見つかった『慎機論』（幕府の対外強硬政策を批判した書）が幕政批判という重罪となって田原で蟄居となり、のちに自刃しています。

126

杉《すぎ》田《た》玄《げん》白《ぱく》　後れて発するものは人に制せらる

始《はじ》めて発《はっ》するものは人《ひと》を制《せい》し、後《おく》れて発《はっ》するものは人《ひと》に制《せい》せらる。

――何事も最初におこなった者は人を指示する立場になるが、後れをとると、人から指示される立場になる。

すぎた・げんぱく　1733～1817年。若狭小浜藩藩医の子。蘭方外科を学び、江戸小塚原で処刑された屍体の解剖見学を機に前野良沢らとオランダ医書を翻訳し『解体新書』と題して刊行。その訳業の苦労が『蘭学事始』に記される。家塾「天真楼」で大槻玄沢らを育てた。享年八十五。

杉田玄白は小塚原《こづかっぱら》刑場で屍体の腑分《ふわ》け（解剖）を実見し、オランダの解剖学書の正確さに感嘆し、解剖学書『ターヘル・アナトミア』の翻訳を思い立った。前野良沢《りょうたく》らと訳業に励み、三年後に『解体新書』に結実します。そのときの苦労話が『蘭学事始《らんがくことはじめ》』に書かれています。初めて事をなす人は、人より苦労は多いけれども、そこを突破した人にしか見えない世界がある。「**始めて発するものは人を制し**」、次をリードしていくことになります。「**どんなことであれ新しい事業は、やる前から後世の批判を恐れるようなケチな了見《りょうけん》では一歩も踏み出せない**」と言った玄白は、解剖学という新分野を勇気を持って切り開き「突破」したという点で、志士の魁《さきがけ》をなした人と言えるのではないでしょうか。

研究心や探求心があると、人生が楽しくなります。たとえば、一番硬い金属とそれを掘るドリルが何度か対決するとすれば、次の対決までに今までにないものをそれぞれが開発してもう一回対決するという展開がつづきます。これも、困難があるからこそ工夫するという、『解体新書』的探求です。

玄白は、「あなたは人生の探求をおこなっていますか」というメッセージを私たちに送っています。

127

頼《らい》山《さん》陽《よう》　男児は学ばば則ち当に群を超ゆべし

男児《だんじ》は学《まな》ばざれば則《すなわ》ち已《や》む。学《まな》ばば則《すなわ》ち当《まさ》に群《ぐん》を超《こ》ゆべし。

――人は学ばなければ成長はない。学べば一頭地を抜くことができる。

らい・さんよう　1781〜1832年。朱子学者の長男に生まれる。二十一歳で安芸（広島）を出奔、脱藩の罪で自宅幽閉となる。幽閉中に起稿した『日本外史』は尊攘派に強い影響を与えた。赦免ののち京都で開塾。梁川星巌・大塩平八郎らと交わり、すぐれた詩・書を遺した。享年五十二。

128

十有三《じゅうゆうさん》の春秋《しゅんじゅう》
逝《ゆ》く者《もの》は已《すで》に水《みず》の如《ごと》し
天地《てんち》 始終《しじゅう》無《な》く
人生《じんせい》 生死《せいし》有《あ》り
安《いずく》んぞ古人《こじん》に類《るい》して
千載《せんざい》 青史《せいし》に列《れっ》するを得《え》ん

十有三春秋
逝者已如水
天地無始終
人生有生死
安得類古人
千載列青史

十三歳となって、これまでを振り返ると／
歳月は水が流れるように過ぎてしまった／
天地は始めも終わりもなく永久不変だが／
人は生まれたかぎり必ず死がある／
それならば発奮努力して、古《いにしえ》の偉人のように／
千年後まで歴史に名を遺したいものだ

頼山陽は、彼の著書『日本外史』がその後の尊皇思想に影響を与え、幕府を超える思想の下地をつくりました。『日本外史』は源平二氏から徳川氏に至るまでの武家盛衰史で、すべて漢文体で記述されています。国を憂える幕末の若者たちの心を尊皇へと傾けたひとりの男の人生を描ききった見延典子著『頼山陽』を読むと、頼山陽の自由闊達で反骨の生涯がよくわかります。

127番の言葉は頼山陽が十二歳のときに書いた「立志論」の冒頭にあるもので、「学び」の志を語っています。128番の言葉は、十四歳のときにそれまでの十三年の人生を振り返って詠んだ漢詩です。

十四歳と聞くと、早熟に思えるかもしれませんが、当時は十五歳で元服（男子が成人になったことを社会的に承認し祝う儀式）するように、この年齢で大人の精神性を有していたのです。

現代は人生をどう選択するかの猶予期間（モラトリアム）がどんどん長くなっているので、大学生も年々精神的に幼くなってきています。ですから、大学の四年間でどれだけ成熟させられるかが教師の役目になっています。

頼山陽は、知識を得ることに汲々とするのではなく、民を救い、君を匡《ただ》すことに人生の目標をおいていました。

彼がその精神性を形づくるのに文章や漢詩が大きく貢献しています。

私は書くという行為が「精神の幹」をつくるうえで力を発揮すると考えていますので、中学ぐらいのときに、志を作文や詩に書くと、精神年齢が上がるのではないかと考えています。

129

高野長英《たかのちょうえい》　永く獄中に在とも、悠然と時を俟つべし

永《なが》く獄中《ごくちゅう》に在《あり》とも、その罪在《つみある》にあらざれば、世《よ》に恥《はじ》る処《ところ》なし。皆《みな》これ天命《てんめい》の所為《しょい》なれば是非《ぜひ》もなし、悠然《ゆうぜん》と時《とき》を俟《ま》つべし。

——長く獄中にいるが、咎《とが》を受けるような罪はないから、恥じるところはなにもない。天命のなせるところだと思って、悠然と時を待てばよい。

たかの・ちょうえい　1804～50年。仙台藩領水沢領主の家臣の家に生まれる。医学修業のため江戸に出たのち、シーボルトを慕って長崎に留学。『戊戌《ぼじゅつ》夢物語』を著して幕府の対外政策を批判。蛮社の獄で永牢となるも脱走。転々としたのち江戸で医業を営んだが、隠れ家を捕吏に襲われて自死した。享年四十七。

「人は学ぶためには食わねばならない。しかし、食うために学んではならない」（オランダ語で書かれている）と言った高野長英。

高野は長崎に留学してシーボルトの塾で医学や蘭学を学び、江戸に戻ってからは、町医者として蘭学塾を開業します。その数年後には天保の大飢饉の対策会である尚歯会《しょうしかい》という蘭学研究のメッカに渡辺崋山らと加わっています。「歯を大事にする会」と名乗ってはいますが、海防や外交の議論をカモフラージュしたものと言われ、「蛮社《ばんしゃ》」と呼ばれて目をつけられました。

　モリソン号事件（日本人漂流民七名を伴い、通商を求めて来航した米国の商船モリソン号を幕府が砲撃し、退去させた事件）で、幕府の鎖国政策を批判したため「蛮社の獄」に至り、終生入牢《じゅろう》を申し渡されます。そのときの言葉が「**長く獄中にいるが、咎《とが》を受けるような罪はないから、恥じるところはなにもない。天命のなせるところだと思って、悠然と時を待てばよい**」です。

　高野にとって学問は、「食うためのもの」ではなく、「世の変革に資するためのもの」でしたが、「プレ幕末の時代」にあってその思想は孤立を余儀なくされます。福島原発の大事故が起こる前にその危険性を説いた声をマスメディアは必ずしも積極的に伝えませんでした。「**義ある者は財なく、財ある者は義なく、慶びを共にする者多く、憂《うれい》を分《わか》つ者少《すく》きは世の習い**」という高野の声が聞こえてきそうです。高野はその後、牢の火事に乗じて脱獄し逃避行を重ねますが、最後に捕らえられて自死。高野や渡辺崋山は志なかばで死にますが、彼らの思想は生き残った仲間を通して佐久間象山や勝海舟らに受け継がれています。

緒方洪庵《おがたこうあん》　唯おのれをすてて人を救わんことを希うべし

130

医《い》の世《よ》に生活《せいかつ》するは人《ひと》の為《ため》のみ、おのれがためにあらずということをその業《ぎょう》の本旨《ほんし》とす。安逸《あんいつ》を思《おも》わず名利《めいり》を顧《かえり》みず、唯《ただ》おのれをすてて人《ひと》を救《すく》わんことを希《ねが》うべし。

131

唯《ただ》読《よ》むのみにして原書《げんしょ》をば一《いち》枚《まい》たりとも翻《ほん》訳《やく》するを許《ゆる》さず。

——医業は病人のためにあるもので、自分の生活のためであってはならない。楽をしようと思ったり、名声や利欲に走らずに、ひたすら自分を捨てて人を救おうと願うべきである。

——ひたすら外国の原書を読むことに没頭せよ。一頁たりとも翻訳してはならない。

おがた・こうあん　1810〜63年。備中国足守藩士の子。大坂で蘭学を学び、江戸でも坪井信道らに師事。大坂で適々斎塾（適塾）を開く。診療のかたわら福沢諭吉、大村益次郎ら多くの逸材を育てた。幕府に招かれ奥医師と西洋医学所頭取を兼ねた。享年五十四。

緒方洪庵は幕末の蘭方医として、また蘭学の第一人者として仰がれました。最新の医療の知識を紹介するため多くの蘭書を翻訳する一方、自らも多くの著書を残しています。

緒方洪庵といえば大坂・船場《せんば》に開いた蘭学の私塾「適塾《てきじゅく》」（適々斎塾《てきてきさいじゅく》）です。福沢諭吉、大鳥圭介、大村益次郎、橋本左内、佐野常民《つねたみ》らが巣立ったこの塾が果たした役割、貢献度は群を抜いて大きかったと言えます。

吉田松陰の松下村塾が「思想の塾」だとすれば、適塾は「実学の塾」です。この塾の様子は福沢諭吉の『福翁自伝』に詳しいのですが、「蘭書解読の研究所」(医学から兵学、化学、物理など)とでも言うべき様相で、「**ひたすら外国の原書を読むことに没頭せよ。一頁たりとも翻訳してはならない**」という塾則のもと、みんなが原書に体当たりで向かっています。

翻訳は原書が読めない人のためのもので、塾生は翻訳に追われて原書をおろそかにすることがあってはならないというのが洪庵の考え方でした。

原書講読の課題でネットなどで翻訳文を探し、コピー&ペーストですませてしまう学生とは対極にあります。適塾では、本当の力をつけるために、塾の運営も塾生の自治にまかせ、「相互錬磨主義」で必死に競い合い、席次もつけられたといいます。

「**事に臨んで賤丈夫《せんじょうふ》となるなかれ**」(いざというときにいやしい男になるな)、「**病者に対しては唯《ただ》病者を視《み》るべし。貴賤貧富を顧ることなかれ**」(ひたすら病人を診るべきで、貴賤や貧富を顧みてはならない)と塾生を叱咤した洪庵は、病気になった福沢諭吉を親身になって世話しています。まさに「**人のために生活しておのれのために生活せざるを医業の本体とす**」です。

こうした「志」のもとに集まる家族的な私塾は現代でも求められています。

大塩《おおしお》平八郎《へいはちろう》　身の死するを恨まずして心の死するを恨む

132

身《み》の死《し》するを恨《うら》まずして心《こころ》の死《し》するを恨《うら》む。心《こころ》死《し》せざれば、則《すなわ》ち天地《てんち》と無窮《むきゅう》を争《あらそ》う。

――武士ならば肉体の死を恨むことはないが、精神の死こそ恨む。精神が生きていれば、天地無窮のごとく永遠の命を得る。

133

英傑《えいけつ》は大事《だいじ》に当《あた》りて、固《もと》より禍福《かふく》生死《しょうじ》を忘《わす》る。

——すぐれた人物は禍福や生死を忘れて大事にあたるものである。

おおしお・へいはちろう　1793〜1837年。大坂町奉行所与力を務め、自宅を使った私塾「洗心洞《せんしんどう》」で陽明学を教授。天保の飢饉に際して窮民救済を進言するがいれられず、蔵書を売って窮民に分け与えた。天保八年、幕政を改めるために決起するも当日に鎮圧され、のちに自刃。享年四十五。

官職を辞して私塾を開いていた大塩平八郎は、天保の大飢饉のとき、大坂市中の窮民《きゅうみん》を救済するため、大坂城内の非常用米を分け与えるように当局に進言するも聞き入れられず、自分の蔵書（その数、五万冊とも言われる）を売り払った金を困っている人たちに分け与えました。

さらに、米を買い占める大商人や、豪商から購入した米を徳川家慶《いえよし》の将軍就任式のため江戸に廻送《かいそう》する役人を懲《こ》らしめる決意をし、同志と一揆《いっき》を起こします。「大塩平八郎の乱」です。

この乱は幕府によって一日で平定されてしまい、大塩は一か月後に自ら命を絶ちました。しかし、首謀者の大塩がかつて町奉行所与力という要職にあったことから、幕府に大きな衝撃が走ります。

大塩は豪商らに天誅《てんちゅう》を加えるべしと門下生や近郷の農民に檄文《げきぶん》をまわし、さらには、役人の汚職などを訴える手紙を書きあげて江戸の幕閣《ばっかく》に送っています。まさに「身の死よりも、心が死んだら終わりだ」と思い定め、「自分の幸福や生き死にのことを忘れ」て大事《だいじ》に当たったわけです。

腐敗を正すために幕政批判をした時点では、維新まではまだ間がありますが、一つの魁《さきがけ》になったことは間違いありません。

この乱をきっかけに備後《びんご》三原の一揆、越後柏崎の生田万《いくたよろず》の乱、摂津能勢《のせ》の百姓一揆など、各地で一揆や打ちこわしが起きています。

「見識にとどまらずにそこから徳性を養わなければならない。徳性がしっかりしていれば生死に揺らぐことはない」との大塩の言葉は、揺らぐ今の時代に噛みしめたい言葉です。

【主な引用・参考文献】

『吉田松陰全集』(新装復刻版)山口県教育会編、大和書房
『吉田松陰 留魂録』古川薫全訳注、講談社学術文庫
『孟子 全訳注』宇野精一、講談社学術文庫
『講孟劄記 上下』吉田松陰、近藤啓吾全訳注、講談社学術文庫
『高杉晋作全集 下』堀哲三郎編、新人物往来社
『高杉晋作史料』一坂太郎編、田村哲夫校訂、マツノ書店
『高杉晋作と奇兵隊』田中彰、岩波新書
『論語』齋藤孝訳、ちくま文庫
『龍馬の手紙』宮地佐一郎、講談社学術文庫
『徳川慶喜公伝』(後藤象二郎)渋沢栄一、平凡社東洋文庫
『西郷南洲遺訓』山田済斎編、岩波文庫
『氷川清和』勝海舟、江藤淳・松浦玲編、講談社学術文庫
『江戸漢詩選4』(西郷隆盛漢詩)坂田新注、岩波書店
『代表的日本人』内村鑑三、鈴木範久訳、岩波文庫
『中岡慎太郎全集』宮地佐一郎編、勁草書房
『日本思想大系55』(佐久間象山)岩波書店
『国是三論 全訳注』横井小楠、花立三郎訳注、講談社学術文庫
『入江九一資料集』(久坂玄瑞書簡)入江遠編、楽
『久坂玄瑞全集』福本義亮編、マツノ書店
『久坂玄瑞』武田勘治、マツノ書店
『日本人の叡智』(横井小楠)磯田道史、新潮新書
『日本思想大系55』(横井小楠)同前

『その時歴史が動いた18』（大村益次郎）NHK取材班編、KTC中央出版
『大村益次郎』和田政雄、大日本雄弁会講談社
『大村益次郎先生事蹟』村田峰次郎、マツノ書店
『人物叢書 小松帯刀』高村直助、吉川弘文館
「福井市立郷土歴史博物館HP」（橋本左内書箱）
『啓発録』橋本左内、伴五十嗣郎全訳注、講談社学術文庫
『氷川清話』（勝海舟）同前
『海舟語録』勝海舟、江藤淳・松浦玲編、講談社学術文庫
『夢酔独言』勝小吉、勝部真長編、講談社学術文庫
『清水次郎長 幕末維新と博徒の世界』（山岡鉄舟）高橋敏、岩波新書
『武士道』山岡鉄舟、安部正人編、光融館
『鉄舟随感録』山岡鉄舟、安部正人編、国書刊行会
『河井継之助傳』今泉鐸次郎、象山社（復刻版）
『入江九一資料集』同前
『増補 松陰先生と吉田稔麿』來栖守衛、マツノ書店
『ドキュメント榎本武揚 明治の「読売」記事で検証』秋岡伸彦、東京農業大学出版会
『われ徒死せず 明治を生きた大鳥圭介』福本龍、国書刊行会
『幕末の大奥 天璋院と薩摩藩』畑尚子、岩波新書
『徳川慶喜公伝』（和宮）同前
『土方歳三日記』菊地明編著、ちくま学芸文庫
『江藤南白』的野半助、マツノ書店（復刻版）
『新訂 孫子』金谷治訳注、岩波文庫
『大久保利通』佐々木克監修、講談社学術文庫
『大隈重信のことば』高野善一編、稲言社

『エピソード 大隈重信 125話』奥島孝康・中村尚美監修、早稲田大学出版部
『伊藤博文直話』新人物往来社編、新人物文庫
『渋沢栄一訓言集』渋沢青淵記念財団竜門社編、国書刊行会
『渋沢栄一全集』山本勇夫編纂、平凡社
『論語と算盤』渋沢栄一、角川ソフィア文庫
『新島襄集 第七巻（片鱗集）』森中章光編著、丁子屋書店
『木戸孝允文書』日本史籍協会叢書、東京大学出版会
『新釈漢文大系46』（木戸孝允漢詩）猪口篤志、明治書院
『岩倉具視関係文書 第一巻』日本史籍協会叢書、東京大学出版会
『日本の名著35 陸奥宗光』萩原延寿責任編集、中央公論社
『日本人の叡智』（陸奥宗光）同前
『岡義武著作集 第五巻』（山県有朋）岩波書店
『人物叢書 山県有朋』藤村道生、吉川弘文館
『ある明治人の記録 会津人柴五郎の遺書』石光真人編著、中公新書
『守城の人 明治人柴五郎大将の生涯』村上兵衛、光人社NF文庫
『新訂 福翁自伝』福沢諭吉、富田正文校訂、岩波文庫
『学問のすゝめ』福沢諭吉、岩波文庫
『明治百年史叢書 板垣退助君伝記』宇田友猪・滄溟、公文豪校訂、原書房
『自由党史 中』宇田友猪・和田三郎編、遠山茂樹・佐藤誠朗校訂、岩波文庫
『自警録』新渡戸稲造、講談社学術文庫

『武士道』新渡戸稲造、矢内原忠雄訳、岩波文庫
『東洋の理想』岡倉天心、講談社学術文庫
『茶の本』岡倉覚三（天心）、村岡博訳、岩波文庫
『近世英傑詩歌集』（前原一誠漢詩）内田尚長編、購文書屋
『犬養木堂傳 下巻』木堂先生傳記刊行会編、東洋経済新報社
『近代日本思想大系3 中江兆民集』松永昌三編、筑摩書房
『権利のための闘争』イェーリング、村上淳一訳、岩波文庫
『伝記叢書244 大豪 清水次郎長』小笠原長生、大空社
『藤田東湖全集』高須芳次郎編著、章華社
『漢詩名句辞典』（月性漢詩）鎌田正・米山寅太郎、大修館書店
『崋山全集』鈴木清節編、崋山叢書出版会
『蘭学事始』杉田玄白、緒方富雄校註、岩波文庫
『頼山陽詩選』揖斐高訳注、岩波文庫
『日本外史 上下』頼山陽、頼成一・頼惟勤訳、岩波文庫
『頼山陽 上中下』見延典子、徳間文庫
『日本思想大系55』（高野長英）同前
『緒方洪庵と適塾』梅溪昇、大阪大学出版会
『福沢諭吉傳 第一巻』（緒方洪庵）石河幹明、岩波書店
『新訂 福翁自伝』（福沢諭吉）同前
『日本思想大系46』（大塩平八郎）岩波書店

＊ 本書は、二〇一三年に当社より刊行した著作を、加筆修正の上、文庫化したものです。

草思社文庫

声に出して読みたい志士の言葉

2023年6月8日　第1刷発行

著　　者　齋藤 孝

発 行 者　碇 高明

発 行 所　株式会社 草思社

〒160-0022　東京都新宿区新宿1-10-1
電話　03(4580)7680(編集)
　　　03(4580)7676(営業)
　　　http://www.soshisha.com/

編集協力・本文組版　相内 亨

本文印刷　株式会社 三陽社

付物印刷　株式会社 暁印刷

製 本 所　加藤製本 株式会社

本体表紙デザイン　間村俊一

2013, 2023 © Takashi Saito

ISBN978-4-7942-2659-4　Printed in Japan

草思社文庫既刊

齋藤 孝
声に出して読みたい日本語 ①②③

黙読するのではなく覚えて声に出す心地よさ。日本語のもつ豊かさ美しさを身体をもって知ることのできる名文の暗誦テキスト。日本語ブームを起こし、国語教育の現場を変えたミリオンセラー。

齋藤 孝
声に出して読みたい論語

「論語を声に出して読む習慣は、心を研ぐ砥石を手に入れたということだ。孔子の身と心のあり方を、自分の柱にできれば、不安や不満を掃除できる」(本文より)日本人の精神を養ってきた論語を現代に。

齋藤 孝
声に出して読みたい古事記

日本の国生み伝説を原文で読む。イザナキとイザナミ、天の岩屋戸や因幡の白兎、八俣の大蛇退治など不思議で奇怪な物語の数々。不思議な力を持っている原日本語の面白さを朗誦することで味わおう。